絵本からのおくりもの

はじめに

いま、日本中の若いお母さん、お父さんが子育てに自信がもてず悩んでいます。そんな不安を敏感に感じとって、子どもたちは大人の顔色をうかがい元気がありません。精神的に不安定な子は、園に来ると友だちに八つ当たりし荒れています。保育者はこうした子どもたちに振りまわされ、疲れはてています。

子どもが泣きやまない、言うことをきかない、なつかない、といって虐待をうけ、あちこちで幼い命が奪われています。

言葉が話せない乳児、話せてもまだ十分に言葉を使いこなせない幼児は、泣いて自分の要求を訴えているのです。言うことをきかないのは、自我が芽生え、一生懸命、自分の気持ちを態度で表しているのです。好奇心旺盛な幼児は、なんでも知りたがり、触りたがり、真似したがるものです。まさに、乳幼児は絵本に出てくる「おさるのジョージ」そのものです。

人間の子どもは、動物より一年も早く、歩くことができない状態で生まれてくるから手間がかかるのです。ようやく歩けるようになっても、言葉を獲得し、使いこなすまでにはまだ数年かかり、おまけに、この頃から自我の芽生え、大人に反抗するというややこしい時期を迎えるのです。そのうえ人生で初めて出会うことばかり、なんでも手当たりしだい触り、なめまわし、こわし、ちらかします。でもこれは、意欲のもとである好奇心の表れです。

私は、一人目の時は職業柄「なるほど、なるほど、発達心理学で学んだとおりだな」と、目を細めて眺めていました。いたずらをしても、「こざるを一ぴき飼っていると思おう」と自分に言いきかせ、「フムフムなかなかヤルワイ」と、なんとか冷静さを保っていました。

でも、二歳違いで二人目が生まれた時は、そうはいきませんでした。

下の子に授乳していると、いつの間にか雨の中、外にとび出し、どろんこ遊びに夢中になり、全身ビショビショのどぶネズミになって、そのまま部屋にあがってくる上の子。どろんこ遊びの意義はわかっていても、つい頭にきてヒステリーをおこし、「もう、いいかげんにしてよ」「雨が降ってるでしょう、風邪ひいたらどうするの」と、ガミガミクドクド……、何度、大声をはりあげたことでしょう。

まだ育休のない時代で、産休明けから勤務し、バタバタ、あたふたとした生活をしてきましたが、園に行くとほっとし、たくさんの幼稚園児の保育より、日曜日のたった二人の育児のほうが疲れる、と感じたものです。

家庭で日曜日もなく、朝から晩まで一日中、子どもと向き合っていたら、息がつまってしまうお母さんの気持ちがよくわかります。共働きで仕事と育児で疲れ、イライラしているお母さん、お父さんの気持ちも痛いほどわかります。

でも、私の経験から、この状態は長く続かないことがわかりました。どの子も、満三歳を迎えると、身のまわりのことが自分でできるようになり、一応、やっていいこと、よくないことの区別もできるようになり、おさるから人間の子どもに変身するのです。

大人に全面的に依存し、甘えてくれるのは、長い人生のなかでたったの数年です。乳幼児にとってまわりの大人は絶対的な存在で、なくてはならない太陽であり、じつは「はな（華・花）の母親、はなの父親」時代なのです。わずか数年のこんなかけがえのない時代を、楽しまなくちゃあ損です。私は気持ちを切り替えました。「子育てを楽しもう！」と。

仕事をもっている私には、時間が限られています。そこで、欲ばらず「散歩」と「絵本の読み聞かせ」だけにしぼりました。散歩は、部屋の中を荒らされる心配も、片付ける手間もかかりません。自然との出会いがあります。どれだけ草花を摘んでも叱られません。

私の住んでいる所は、『ごんぎつね』や『手ぶくろを買いに』の童話を書いた新美南吉の生まれ育った半田市のなかでも、自然の残っているのどかな所です。家のすぐ前をキツネのゴンがウナギをとったとされる川が流れています。タモでひとすくいすると、フナやザリガニ、タイコウチがおもしろいほどたくさんとれます。ウシガエルも、カメも大きなコイもいます。土手の穴から小さなかわいいヘビも顔を出し、夏には、ホタルも無数に飛んでいました。ニンジン、パセリ、ミカン、カラタチ、サンショウの葉に生みつけられた幼虫を何十匹と捕ってきて飼い、華麗なあげはの羽化を何度、かたずをのんで見守ったことでしょう。

絵本は、寝る前、ふとんの中で読みました。私を真ん中に寝ながら読むのですが、ある日、四歳の兄が「おかあさん」と、小さな声で呼ぶのです。「なあに？」と顔を向けると、「おかあさん、さっきからそっちのほうばっかり見てる気がする」と、遠慮がちに言うのです。二歳にして兄にさせられた上の子は、いつも弟に一歩譲り、こんな思いをしていたのでしょう。ドキリとした一瞬でもあり、また、人生のなかで、こんなにも必要とされていた幸せな母親時代でもありました。

絵本の読み聞かせは、二人の子どもが小学校に入っても続きました。おかげで絵本から童話へと幅が広がり、数々の本のなかから、自分の生き方をも教えられるすばらしい本に出会いました。

いま、子育てがしんどくなっています。「自然こそ、最高の教師」といわれる自然が少なくなり、子どもたちは、テレビ、ビデオ、ファミコンに取り囲まれています。私の子どもたちが遊んだ川も河川工事で、いまではすっかり魚の姿がみられなくなってしまいました。これだけ少年犯罪がおきているのに、まだ、「お受験」競争や早期教育も根強く残っていて気になります。おまけに不況の波が押し寄せ、暗い気持ちになります。

だからこそ、こんな時だからこそ、お父さん、お母さんに元気を出してほしいのです。なんとか、若いお母さん、お父さんにエールを送りたいと思っていた私は、絵本をとおして子育ての楽しさを見いだしてほしいと、父母宛ての「園長だより」を出すことにしました。

マンションに取り囲まれた宮池幼稚園時代は、ピーターラビットのように元気に跳びはねる子どもになってほしいと「ＰＥＴＥＲ　ＲＡＢＢＩＴ」（一九九六年四月～九八年三月）、板山幼稚園では、踏まれても踏まれても春になると芽を出すよもぎのように、たくましい子どもになってほしいと「よもぎっこ」（一九九八年五月～二〇〇一年三月）と名づけました。

この本は、この二つの「園長だより」から抜粋したものです。

絵本は身近なところにあり、すぐ手に入ります。私が絵本から夢と希望をもらったように、きっと何かを感じていただけると思います。

「よんで　よんで！」といってくれるのは、幼児時代だけです。忙しい家事、仕事の手を少し休めて、子どもさんに本を読んであげてください。

私は、三十八年間、幼稚園で三歳、四歳、五歳の子どもたちと過ごしてきました。子どもを取り巻くさまざまな環境の悪化のなかで、子どもたちは、友だちとぶつかり合い、ともに泣き、笑いながら、幼いながらも懸命にひたむきに、目を輝かして生きています。

お父さん、お母さん、保育者のみなさん、これから保育者をめざすみなさん、この子どもたちの目の輝きを失わせないよう、ともに手をつなぎ、力まず、ゆったり、子育てを、保育を、楽しんでいきましょう。

二〇〇二年　初夏

宍戸　洋子

もくじ
contents

1. 子どもの世界

2. できたよ

3. 生きものの不思議

4. サンタクロース

もくじ contents

5. 心のなか

6. 母と子

7. いのち

8. みすゞの世界

9. 絵本からのおくりもの

1 子どもの世界

ピーターラビットのおはなし

どろんこ　こぶた

おおきな　おおきな　おいも

およぐ

おふろだいすき

ぐりとぐらのかいすいよく

人生に必要な知恵はすべて幼稚園の砂場で学んだ

ピーターラビットのおはなし

福音館書店
ビアトリクス・ポター　作・絵
いしい　ももこ　訳

あるところに、4ひきの　小さなうさぎ　がいました。なまえは、

フロプシーに
　モプシーに
　　カトンテールに
　　　ピーターといいました。

小うさぎたちは　おかあさんといっしょに　大きなもみの木のしたの　すなのあなのなかにすんでいました。

みなさん、ピーターラビットを知っていますか？

そうです。ピーターは、元気でお母さんの言うことを聞かず、いたずらばかりするうさぎの子どもです。作者のビアトリクス・ポターは、このピーターをとおして無邪気ないたずらっ子の世界を描いているのです。

同じように『ひとまねこざる』（岩波書店）、『どろんこハリー』（福音館書店）なども、おさるのジョージや犬のハリーをとおして子どもの世界を描き、世界中の子どもたちの心をとりこにしています。

なぜ、こんなにもたくさんの子どもたちの共感を得ているのでしょう。

それは、自分たちがしてみたいと思っているけれど、ここまではできないいたずらを、この主人公たちが、じつに痛快に自分たちのかわりにしてくれているからではないでしょうか。


三十年前、いえ、十年前までは、ピーターやジョージやハリーのようないたずらっ子が幼稚園にもたくさんいました。しかし、いまでは、子どもたちがすっかりおとなしくなってしまい、少し気になっています。宮池幼稚園にはピーターのような子はいないのでしょうか。

いえいえ、いました、いました。

小鳥小屋のえさがひと缶全部あけられ、うず高く小山のように積もっています。そのそばで、三歳の男の子がうずくまって「ことりさん、いっぱい　いっぱい　たべて　はやくおおきく　なってね」と、つぶやいていました。

黄色いタンポポの花をおいしそうに食べているうさぎのところに、「うさぎのミミちゃん、どうぞ！」と駆けよってきた四歳の女の子の手に、見事に咲いた黄色のチューリップの花がしっかり五本握られていました。

赤いチューリップの花は重たそうに首をたれています。花の中に今日のおやつのドロップが入っています。「甘くておいしかったから、なめさせてあげてるの」と、三歳の女の子がうれしそうに報告してくれました。

なにやらトイレからにぎやかな声がしています。のぞいてみると、ホースを手に四歳の男の子が二人立っています。床から天井までビショビショ。もちろん、本人たちも足の先から頭までずぶぬれ。それでも「ぼくたち、トイレをきれいに　おそうじ　してるの」と、得意満面。

宮池幼稚園の子どもたちもまだまだ健在です。だって、いたずらは、元気のもと、好奇心のもと。なによりも、意欲のもとですもの。

どろんこ こぶた

文化出版局
アーノルド・ローベル　作
岸田衿子　訳

こぶたは、たべるのが　だいすき、うらにわを　かけまわるのも　だいすき、ねむる　ことも、だいすきでした。

でも、なによりも　なによりも　すきなのは、やわらかーい　どろんこの　なかに、すわったまま、しずんで　ゆく　ことでした。


作者、アーノルド・ローベルは、こぶたをとおしてどろんこ遊びのおもしろさ、楽しさ、たいせつさを大人に語りかけています。同じく『どろんこハリー』の作者ジーン・ジオンも絵本のなかで、犬のハリーをとおして、子どもたちにとってどろんこ遊びは成長発達に欠かせない魅力的な活動であることを描いています。

そろそろ蒸し暑くなり、どろんこ遊びの最適な季節になってきました。幼稚園でもパンツ一枚になり、夢中になって土をこねまわし、おだんごやホットケーキやハンバーグ作りが始まってきました。ほどよく土と水が混ざり合ったあの感触のよさは、一度味わったらやめられません。土山では、年長児がダムづくりを展開します。

幼児は「砂場で人生のすべてを学ぶ」（二十五ページ参照）と言われています。ところが最近、この砂、土を汚いから、気持ちが悪いからと、なかなかさわれない子が目立ちます。どろんこ遊びをして帰ってきたら、洗濯が大変かと思いますが、「よく遊べたね」とおおいに認めてあげてください。

おおきな おおきな おいも

福音館書店
赤羽末吉　作・絵

おおきな　おいもを　ちいさく
きって
おりょうり　おりょうり
あたしは　てんぷら
やきいもが　うまいぞ
ぼくは　だいがくいも
たくさん　たべて
おなか　ぽーんぽん
ふうせんみたい

宮池幼稚園のプールの南側にある小さな小さな畑で、大きな大きなおいもの収穫がありました。六月に年長児が一人一本ずつさしたさつまいもの苗から、それはそれは見事なおいもができたのです。

はじめ、おいものつるを綱引きのように引っ張って、プッツンと切れたつるを見て、「あ、おいも　なんにも　できてない」とがっかりしていた子どもたちも、地面から顔をだしたおいもを見てびっくり、「あった、あった、おいもだ」と大喜び。あとは夢中になって、モグラよろしく手のシャベルで掘り出しました。年長さんがいも掘りをしたあと、年少、年中の子どもたちが残ったおいもがないか、砂遊びをかねて穴掘りを楽しみました。細い小さなおいもも、子どもたちにとっては、たいせつな収穫です。

さて、大収穫のおいもを使って、絵本の子どもたちのように、ふかしたり、サイコロのように切って鬼まんじゅうのような蒸しケーキを作ったり、薄く輪切りにしてホットプレートで焼いたり、手のこんだスウィートポテトを作って、「おいもパーティー」を楽しみました。

年長さんは、おいも入り蒸しケーキを老人ホームにもっていって、おじいちゃん、おばあちゃんにプレゼントしました。

みんなで作って食べるおやつは、ひと味違ってなんとおいしいこと。おなかが、ぽーんぽん、ふうせんみたいになりました。

いまは、果物、野菜などほしいものは、なんでもお店屋さんで簡単に手に入れることができます。こうした生活をしている子どもたちの絵のなかには、イチゴがリンゴのように大きな木に鈴なりになっていたり、トマトやジャガイモが、スイカやカボチャのように、地面の上にゴロンゴロンとよこたわっている絵を描きます。

柿やミカンの花が咲き終わり、小さなかわいい実がついた頃、子どもたちは「ほら、これ、どんぐりみたい！」と、両手にいっぱい早々と収穫して持ってきてくれます。

園ではこうした子どもたちに、体験をとおして果物や野菜ができるまでをわかってもらおうと、柿やミカンの果物の木を植えたり、たくさんの野菜を栽培しています。あわせて、野菜嫌いの子どもたちの偏食をなんとか直したいと願っています。
園で収穫したナス、キュウリ、トマト、玉ネギ、ジャガイモなどは、サラダにしたり、お好焼きやピザを作ったり、カレーライスにしたりして食べています。自分たちで育て、収穫し、調理したものは、ひと味違うようで、おかわりが出るほどです。ご家庭でも、プランターでできます。子どもさんといっしょに栽培と収穫の喜びを味わってみてください。

およぐ

福音館書店
なかの　ひろたか　作

それに　どうぶつも　にんげんも　からだのなかに　うきぶくろを　もっている。
ふくらんだ　ふうせんが　みずに　うかぶのと　おなじように
はいに　すいこんだ　くうきが
うきぶくろの　はたらきをして
にんげんの　からだは　みずに
うきやすくなるんだ。

うだるような暑い日、水遊びは夏には欠かせない遊びです。あのひんやり冷たい水の感触は、子どもたちにさわやかな清涼感を与えます。手足から伝わる水の感触のよさは、全身に伝わり、たいせつな五感の一つを磨き、感性を豊かにしていきます。

水遊びの苦手な子もこの絵本を読むと、顔を水につけたり、からだを浮かせてみようという気持ちになります。プールや海に遠出しなくても、ごく身近なベランダで、庭さきで、お風呂のなかで、水遊びは十分楽しめます。

最近、自律神経失調の若者が増えています。自律神経は十歳ぐらいまで発達し続けるといわれていますが、冷房のなかばかりで過ごしていると、子どもたちのたいせつな自律神経の働きが麻痺してしまいます。暑い時にはしっかり汗を流し、そして冷たい水のなかに入って汗腺をサッとふさぐ、こんな繰り返しのなかで自律神経の働きは活発になっていきます。

さあ、この夏は親子でしっかり汗を流し、おおいに水遊びを楽しんでください。

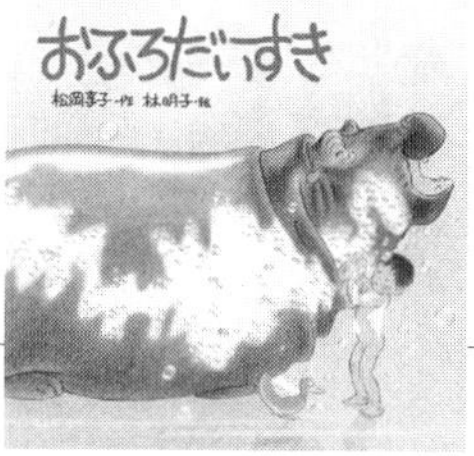

おふろ だいすき

福音館書店
松岡享子　作
林　明子　絵

ぼく、おふろだいすき。
おふろへはいるときは、いつも、あひるの　プッカをつれていく。
プッカも、おふろがだいすきなんだ。／中略
　プク…　プク…　プク…
　プッカが、おゆにもぐった。
とおもったら、あわてて、ういてきた。
そして、「まこちゃん、おふろのそこに、おおきなかめがいますよ。」と、いった。

七月に入り、いよいよ本格的な水遊びの季節になりました。

六月は水に慣れるため、パンツ一枚になり、大小さまざまなきれいな虹色のシャボン玉を作って遊んだり、色水遊びをしました。パンジーの葉からメロンジュース、花からイチゴ、ブドウ、オレンジなどいろいろなジュースができあがり、子どもたちはしばしジュース屋さんごっこを楽しみました。水鉄砲遊びでは、子どもたちは友だちや先生に水をかけようと、歓声をあげながら園庭を駆け回わりました。こんな時の子どもたちの顔は、じつに生きいきと目が輝いています。

でもよーく見ると、顔に水がかかるのをいやがり、こうした遊びを楽しめていない子がいます。

さて、こんなお子さんに『おふろだいすき』の本をおすすめします。お風呂は、だれでも、いつでも水に親しむことができる最適な場です。プール遊びを楽しむためにも、お風呂をおおいに活用してください。

みなさんは初めて自分のからだが水に浮いた時のことを覚えてみえますか?

私は、初めて自転車に乗れた時の感動とともに、いまだにあの興奮を覚えています。この夏は、お風呂で、プールで、海で、おおいに水に親しんでください。

顔に水がかかるのをいやがる子は、無理をせず、お風呂でいっしょに楽しく遊びながら、ほんの少し顔が水につけられるようにしましょう。顔が水につけられる子は、息をつめて、ブクブクブクと頭のてっぺんまでもぐる練習をしてみましょう。

水のなかにもぐれる子は、親子で「ダルマ」遊びをしましょう。まず、胸いっぱい空気を吸い込みます。両手で両足をしっかり抱え込みダルマになります。この状態でブクブクブクともぐります。ダルマですから、手足をバタバタさせてはいけません。ここがたいせつです。少し、もう少し、もう少しとじっとがまんします。すると、いったん沈んだからだがプカリと浮いてきます。こんな体験ができたらいいですね。

でも、あせってはいけません。あくまでも、この夏は子どもの状態にあわせて、親子でいっしょに水遊びを楽しむことがたいせつです。

ぐりとぐらのかいすいよく

福音館書店
中川李枝子　文
山脇百合子　絵

「およぐのを　みせて」と、ぐりと　ぐらは　たのみました。
「おやすいごよう！」
うみぼうずは　うみへ　とびこむと、
まず、いぬかき、
つぎは、くらげ・およぎ、くじら・およぎ、バタフライ、ひらめ・およぎ、かえる・およぎ、
さいごに、イルカ・ジャンプをしました。

子どもたちの大好きな野ねずみのぐりとぐらは海へ出かけ、うみぼうずからいろいろな泳ぎを教えてもらいます。『うみべのハリー』（福音館書店）の本のなかで、どろんこ遊びの好きな犬のハリーも、海辺でさまざまな騒動をまきおこします。

海は広くて大きくて、そして夢があります。そのうえ、果てしなく広がる砂場があります。幸運なことに私たちの住む近くには海があります。この夏は、ぜひ海に出かけ、うみぼうずのように真っ黒になって、親子で楽しい思い出づくりをしてください。

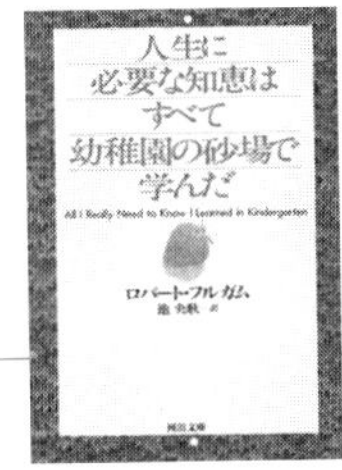

人生に必要な知恵はすべて幼稚園の砂場で学んだ

河出書房新社
ロバート・フルガム
池　央耿　訳

何でもみんなで分け合うこと。／ずるをしないこと。／人をぶたないこと。／使ったものはかならずもとのところに戻すこと。／ちらかしたら自分で後片づけをすること。／人のものに手を出さないこと。／誰かを傷つけたら、ごめんなさい、と言うこと。／食事の前には手を洗うこと。中略

釣り合いの取れた生活をすること――毎日、少し勉強し、少し考え、少し絵を描き、歌い、踊り、遊び、そして、少し働くこと。／中略

不思議だな、と思う気持ちを大切にすること。

ロバート・フルガムの著書『人生に必要な知恵はすべて幼稚園の砂場で学んだ』は、牧師である著者が日々の生活のなかで感じたことを記した随筆集で、アメリカでベストセラーになりました。この長い題名は、彼が幼稚園で学んだということを自分の生活信条としてつづった一節が、

そのまま書名になったものです。
人間として生きるうえでほんとうに役に立つ知恵というのは、大学院のようなところではなく、むしろ幼稚園の砂場の中に埋もれていたと回想し、幼稚園で前述のようなことを学んだと書いていいます。

フルガムの言うとおり、子どもたちはいろいろなことを幼稚園で学んでいます。そしてそれは、教えられて学ぶというよりも、まさに砂場の中で、つまり遊びをとおして人生に必要な知恵を日々、学んでいるのです。

私たちは、子どもたちを意欲のある子に育てたいと願っています。ところが、私たち大人は、知らず知らずのうちに、子どもたちのたいせつな意欲の芽を摘んでしまっていることがあります。『自我の育ちと探索活動』(ひとなる書房)の著者、今井和子氏は本のなかで、意欲のもとは、子どもの「好奇心」だと書いています。
子どもたちは、「穴」があったらのぞきます。穴の向うに何があるのだろうとワクワクしながらイメージの世界を広げていきます。「棒」があったら拾い、それを使っていろいろなものを触って確かめ、探求心を育てていきます。「水」や「土」や「砂」があったら触ります。触ってみた時の快感は全身に広がり、やがて土や砂に水を混ぜ合わせて、いろいろの物を作りだす創造力を生みだします。

この好奇心あふれる「探索活動」を、大人はついつい「危ない」「きたない」「汚れる」からと、禁止してしまってはいないでしょうか。「早く、早く」と、せかしてしまってはいないでしょうか。こんな魅力いっぱいの自然の素材があふれている戸外を避け、室内でばかり遊ばせていないでしょうか。

自然のなかで、好奇心あふれるこうした活動をたっぷりさせ、家庭と幼稚園が協力して意欲のある子を育てていきましょう。

じてんしゃにのる
ひとまねこざる

岩波書店
エッチ・エイ・レイ
文・絵
光吉夏弥　訳

どろんこハリー

福音館書店
ジーン・ジオン　文
マーガレット・ブロイ
・グレアム　絵
わたなべ　しげお　訳

うみべのハリー

福音館書店
ジーン・ジオン　文
マーガレット・ブロイ
・グレアム　絵
わたなべ　しげお　訳

2 できたよ

びゅんびゅんごまがまわったら

童心社
宮川ひろ　作
林　明子　絵

「くるくると　ひもを　ねじっておいて　ひくんだよ。それから　ちからを　ぬいて　ゆるめるんだ。」
こうちょうせんせいは、せつめいしながら　やってみせました。
かんたんそうなのに、こうすけたちの　こまは　ちっとも　まわってくれません。

みなさんは、「びゅんびゅんごま」で遊んだことがありますか？　子どもの頃、ボタンや厚紙で作った経験のある方もみえると思います。この本のなかには、「びゅんびゅんごま」回し名人の校長先生が登場します。名人芸は人をうならせ、なんとも魅力的です。

子どもたちは、びゅんびゅんごま名人の校長先生に近づこうと一生懸命努力します。でも、なかなかうまくいきません。こうすけを除いて、びゅんびゅんごま名人をあきらめた子どもたちは、こんどは竹馬乗りやカラスノエンドウのさや笛を吹く名人になって、校長先生に挑戦しようとします。

いま、「日本の子どもたちは、世界で最も自信をもっていない」と言われています。私たちは、なんとかこうした子どもたちに自信をもってもらおうと、保育のなかでいろいろな取り組みをしています。そのなかのひとつに体育的課題があります。

年少児は、「おおかみと七ひきのこやぎ」ごっこをとおして園庭を走りまわる力を、年中児は、いろいろなボール遊びをとおしてからだが機敏に動ける力を、年長児は、秋の運動会をめざして竹馬を乗りこなす力をつけようと、目下取り組んでいます。

体育的課題は、はじめ思うように走れなかったり、ボールをうまく投げたりついたりできなかったり、竹馬にまったく乗れない状態が、本人の努力と友だちの励ましと保育者の指導で、徐々にできるようになる過程が、自分のからだをとおしてはっきりつかむことができます。

自分に自信がもてず、「できない」と思っていたことが「できた」時、そこに大きな喜びが生まれます。この喜びは自信になり、次の課題に挑戦してみようとする意欲を生み出します。

体育的課題に取り組むねらいは、あくまでも子どもたちに自信をもたせることですから、「まだ、できないの?」という言葉は禁句です。これを言ったら、反対に自信を失わせてしまいます。園で、一人ひとりに見合った指導をしていきますので、家庭ではおおいに励まし、あたたかく見守ってあげてください。

はじめての おつかい

福音館書店
筒井頼子　作
林　明子　絵

「ぎゅうにゅう　くださあい！」

　とつぜん、じぶんでも　びっくりするくらい　おおきな　こえが、でました。

　おみせの　おばさんのめと　みいちゃんのめが、ぱちんと　あいました。

むねが、どっきん　どっきん　なって、めも、しぱしぱ　おとが　しました。

みなさんは、初めてお使いをされた時のことを覚えていますか？

私は、たしか小学校一年生だったと思いますが、このみいちゃんのように、胸をドキドキさせながら一人でお使いをした時のことを覚えています。

ひと昔前は、近所に小売店があり、車の心配もなく、子どもたちはよくこうした家のお手伝いをしたものです。お店の人に「小さいのに、お使いができて感心だね」と声をかけられ、自分がひとまわり大きくなったようないい気持ちになり、行きの緊張感がうそのように、帰りは足取りも軽く家路についたことを覚えています。

いまは、お店もスーパーマーケットのように大型化し、ひと言もしゃべらなくても買物ができます。レジをするりと通りぬければ、お金を払わなくても品物が簡単に手に入ります。

最近、万引きする中学生、高校生が増えています。その物がほしいというより、スリルを味わっているといわれています。このスリルは、ひょっとしたら幼い時、大人の気のつかないところで、そっと物をポケットにしのばせたあの体験に基づいているのかもしれません。こんなスリルは、小さいうちに摘んでおかなければなりません。

親子でいっしょに「買物」について話し合い、善悪の判断のつく子に育てていきたいですね。

とんぼの うんどうかい

偕成社
加古里子　文・絵

そらが、まっさおに　はれた　すすきの　はらっぱの　おひるすぎ、あかとんぼの　うんどうかいが　ひらかれました。
あかとんぼの　せんせいが、みんなをあつめます。
「さあ　さあ、あかとんぼの　こどもは、こっちへ　いらっしゃい。
さあ　さあ、はやく、みんな　しっぽの　じゅんに　ならんで──。
それでは　いいですか。よーい。」
どん！

運動会の季節になりました。あちこちから運動会の声援が聞こえてきます。
かこさとし作『とんぼの　うんどうかい』の絵本には、赤とんぼたちのかけっこ、鈴わり、綱引きのようすが生きいきと描かれています。でもそれだけではありません。運動会で身につけた力を発揮して、とんぼさらいのギャングこうもりを、みんなで力を合わせて見事やっつけてしまいます。

板山幼稚園の子どもたちも、ここ連日、運動会の練習をしています。いま、子どもたちの生活は車に取り囲まれ、安心して走りまわれる場が失われています。地域の縦割りの子ども集団もなくなり、テレビの前にじっと座ることが多くなってきました。

三歳の子どもたちは、初めは蝶々のようにヒラヒラしていて真っすぐ走ることができませんでした。四歳の子どもたちは、距離を長くするとゼーゼー、ハーハーすぐ音をあげていました。年長の子どもたちは、バトンを受け取ると反対方向に駆け出していく子がいました。こうした子どもたちも回を重ねるなかで、足取りも確かに、スピードも少しずつ出てきました。なによりも走る楽しさがわかってきたようです。運動会当日は、子どもたちの日頃の練習に熱い声援を送ってあげてください。

ノンタンのたんじょうび

偕成社
キヨノ　サチコ　作・絵

たんたん　たんたん、
たんじょうび。
ノンタン、
ノンタンの
たんじょうび。

幼稚園では、毎月、みんなで遊戯室に集まって誕生会をしています。誕生児は舞台の上にあがり、マイクをもって自分の「組」と「名前」と「歳」を言います。たったこれだけのことですが、みんな顔を上気させ、胸を高鳴らせ、緊張した面持ちで自分の番を待ちます。マイクがまわってくると、一気に早口で言う子、モジモジしながら小さな声でゆっくり話す子、びっくりするほど大きな声を出す子など、一人ひとり個性があり、なんともほほえましい光景です。そして、どの子も言い終えたあと、一様にフゥーッと大きなため息をつき、そのあと、なんともいえない自信にみちた満足気な表情になります。

みんなから「おめでとう」の言葉と「歌」をプレゼントしてもらったあと、エプロンシアターや手品や人形劇を観たり、いっしょに手遊びやリズム遊戯などをして楽しいひとときを過ごします。大好きなおやつも食べますが、誕生会をとおして、あらためて一人ひとりがかけがえのないたいせつな存在であることをみんなで確認し、命をたいせつにし、「生まれてきてよかった」と、実感できる誕生会にしたいと思っています。

ぐりとぐらの1ねんかん

福音館書店
中川李枝子　作
山脇百合子　絵

12がつ

カレンダーは　12がつで
おしまい
もうすぐ　ことしと　おわかれ　さよならパーティ　しましょう
みなさん　どうぞ　きてください
ごちそうつくって　まってます
きたひとは　ことし　いちばん　うれしかったことを　おはなししてください

一九九九年、最後の月を迎えました。みなさんにとって今年はどんな年でしたか？

子どもたちは、遠足、カレーパーティー、七夕会、運動会、焼きいもパーティー、誕生会などの行事を経験するなかで、いろいろなことを学び、一歩一歩成長していきました。そのなかでも、長期にわたり練習を積み上げて取り組んだ運動会での成長は、目を見張るものがありました。

年少児は、みんなといっしょに走ったり、おどったりする楽しさを知りました。

年中児は、毎日こつこつと練習をするなかで、鉄棒の前回りが全員できるようになりました。

年長児は、初めだれも乗れなかった竹馬が、全員乗れるようになりました。

この喜びと自信をバネに、二〇〇〇年を元気に希望をもって歩んでいきましょう。

さて、子どもたちの大好きな野ねずみのぐりとぐらは、どんな一年間を過ごしたでしょうか。絵本のページをめくりながら、子どもといっしょに一年間をふりかえってみてください。きっと楽しかったこと、悲しかったこと、がんばったことなど、たくさんの思い出にあふれているのではないでしょうか。

おなかのなかにおにがいる

ひさかたチャイルド
小沢孝子　作
西村達馬　絵

ほうら　いた！

あっちゃんの　おなかに　いるおには、いつも　ねそべっています。

すぐ、ごろんと　ねそべりたくなる　めんどくさがりやのおになのです。

『おなかのなかに　おにがいる』の絵本を読んだ子どもたちは、自分のからだのなかにまだ、いろいろな「オニ」が残っていることに気がつきました。

そこで二月三日の節分の日には、子どもたちは鬼のお面を作り、自分のからだのなかにまだ住んでいる、こんな「オニ」を追い出そうと計画しています。

泣き虫　オニはー　ソト！　　ねぼすけ　オニはー　ソト！

弱虫　オニはー　ソト！　　いじわる　オニはー　ソト！

くいしんぼ　オニはー　ソト！　　おこりんぼ　オニはー　ソト！

節分を機に、鬼に関する絵本を親子でいっしょに楽しんで読んでみてください。いろいろな鬼に出会えます。『いっすんぼうし』『こぶじいさま』『だいくとおにろく』（福音館）のような、少しこわい鬼もいれば、『おにのよめさん』（偕成社）のような、どこかにくめない気のいい鬼もいます。

鬼の登場してくる本を読んでいるうちに、いつの間にか鬼に親しみと共感を覚えてきます。ほんとうの「やさしさ」は、姿、形など外見ではなく「こころ」だということを、『ないたあかおに』（七十七ページ）の赤鬼、青鬼が、私たちに教えてくれているのではないでしょうか。

おおきく なるって いうことは

童心社
中川ひろたか　文
村上康成　絵

おおきくなるっていうことは
ようふくが　ちいさくなるって
こと
おおきくなるっていうことは
あたらしい　はが　はえてくる
ってこと
おおきくなるっていうことは
みずに　かおをながく　つけら
れるってこと
おおきくなるっていうことは
あんまり　なかないってこと

桜の花に迎えられて入園、進級した子どもたちは、新しい環境にとまどいながらも、この一ヵ月で大きく成長しました。あの、桜の花が散ったあと、あっという間に伸びる若葉のような、また一日で大きく伸びる竹の子のような、それは見事な成長です。

泣いていた子の顔にも、笑顔が見られるようになりました。進級児もこいのぼりを上げたり、新入児の世話をしたりするなかで、年長児・年中児としての自覚ができてきました。

子どもたちは、どの子も「大きくなったね」と、言われることがなによりもうれしいようです。大きくなるって、子どもたちは、どんなふうに感じているのでしょう。そしてお父さん、お母さんはどんなふうに思ってみえますか。ぜひ子どもさんといっしょに話し合ってみてください。

先日のよもぎ学級の開講式で、「神秘さや不思議さに目を見張る感性」のたいせつさと、「なんでもなぜかと考える思考力の獲得こそが、かしこさの条件」というお話をしました。この絵本の作者中川ひろたか氏も、おおきくなるってことは、「おもしろいことが、どんどん見つけられること」「とびおりても大丈夫かどうか考えられること」、そして「やさしくなれるってこと」と、子どもの視点にたって語っています。

こうした心の豊かさを伴った子どもたちの成長を見守り、育てていきたいですね。

いっすんぼうし

福音館書店
石井桃子　文
秋野不矩　絵

こぶじいさま

福音館書店
松居　直　再話
赤羽末吉　絵

だいくとおにろく

福音館書店
松居　直　再話
赤羽末吉　絵

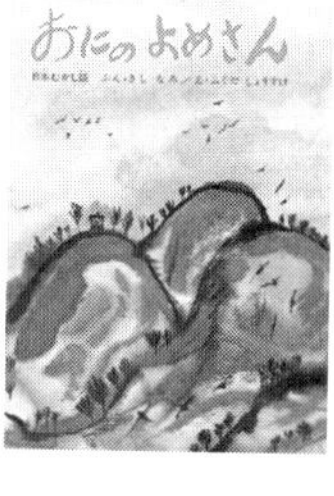

おにのよめさん

偕成社
岸　なみ　文
福田庄助　絵

3 生きものの不思議

ファーブル昆虫記

集英社
アンリ・ファーブル　作
舟崎克彦　訳・絵

5月のおわりごろ、たまごをうみおわった母グモは、みるみる年をとっていきます。／中略
7月、子どもたちはこうして、巣の外へでることができました。
そこには、5、6週間のあいだ、えさも食べずに生きつづけた、母グモの死んでいるすがたがありました。

これは、『ファーブル昆虫記』のなかの「カニグモ」の一文です。

カニグモは、花のなかにもぐっている、あの黄緑色をした小さなかわいいクモです。このクモは、ほかのクモのように網を張って獲物をとることはしません。花のなかに体をしずめてじっとえさが飛んでくるのを待っているのです。カニグモがとくに好きなのはミツバチです。

カニグモは、葉を折り曲げて糸でつないで、真ん中に長細いお皿のような巣をこしらえます。そこにたまごを生みつけて、糸のふたをかぶせると、さらにその上に天井をこしらえ、母グモは、そのすみっこに寝床を作ってもぐり込むのです。みなさんは、きっとこうした折り曲がった葉っぱを見た経験があると思います。

なぜカニグモは、えさも食べずにたまごのそばを離れなかったのでしょう。それは、子どもたちが生まれた時にわかりました。母グモは、力の弱い子どもたちが巣から表へ出られるように穴をあけてやらねばならなかったのです。子どもを思う気持ちは、小さな虫も私たちと同じですね。

「たぐいまれなる観察者」といわれるファーブルは、一つの虫を観察するのに、何年も何年もかけています。図鑑では味わえない、虫のすばらしい生命の営み、それぞれの虫の特徴が、こうした観察のなかから興味深く描かれています。どんな小さな虫にも小さな生命があり、母と子のうるわしい愛情があります。きっと虫の苦手な方も、読み終えたとき、虫たちがいとおしく思えるようになってくることでしょう。

この夏は、セミの羽化を観察されることをおすすめします。七年ものあいだ、土の中で暮らしていたセミの幼虫が、夕方、穴の中から這い出し木に登りはじめます。夜がふけてくると、幼虫の背中が割れ、アクロバットのようにしてからだを殻の外に出し、やがて青白いベールのような羽根がしだいに伸びていきます。そのようすは、まさに神秘の世界そのものです。

コウロギやバッタ、カマキリなど、秋になると大きくなり、大人でも手で捕まえるのに少々抵抗がありますが、夏のあいだは、虫たちはまだまだからだも小さくかわいい子どもの状態です。

感性の豊かな幼児時代、ぜひ、自分の手で虫をつかまえる体験を味わわせてあげてください。

虫の小さな生命の鼓動が、手のひらからきっと子どもたちに伝わっていくことでしょう。

りんごとちょう

ほるぷ出版
イエラ・マリ／エンゾ・マリ　作

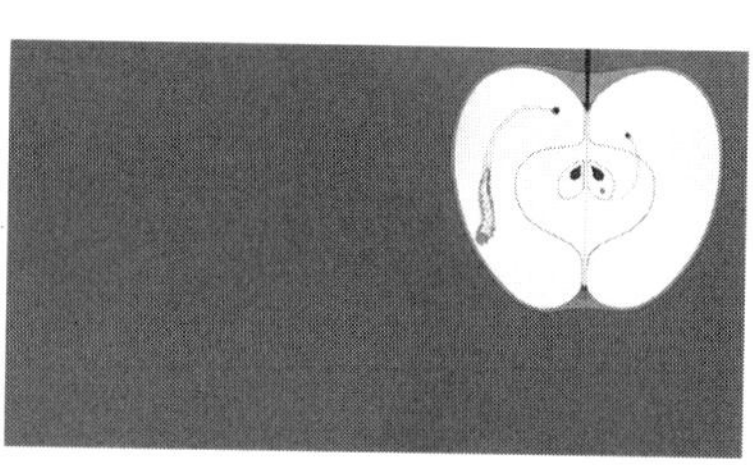

りんごのおいしい季節になりました。

みなさんは、幼い頃、りんごを食べていた時、外側は何も傷がついていないのに、虫が入っていたという経験をされたことはありませんか？

私は、子ども心にこの虫はどこから入ってきたのか不思議に思ったことがあります。最近は、農薬をたくさん散布するせいか、りんごの果実の中に虫が入っているのに出会う機会はほとんどなくなってしまいました。イタリアのイエラ・マリ、エンゾ・マリ夫妻が作ったこの本は、こうした体験のない子どもたちが、絵を見ながらさまざまな推理を働かせ、考え合っていける文字のない絵本です。

それにしても、どうして幼虫はりんごの中に入ったのでしょう。それは……ちょうは、りんごの花のおしべやめしべがついている花托《カタク》とよばれる部分にたまごを生みつけます。受粉が終わって種子ができはじめると、花托の部分もふくらんで種子をかこんで果実をつくります。そこで、花托の部分に生みつけられたたまごもしぜんと果実の内にとりこまれる、ということです。

この絵本は、子どもでも、その謎がとけてくる推理小説風のおもしろさと科学性を併せもったすばらしい本です。読書の秋、たくさんの絵本に出会い、親子でじっくり楽しんでください。

あげは

福音館書店
小林勇　文・絵

なつの　あるひ、からたちの　きに　あげはが　やってきました。ひらひら　まいながら、ときどきおしりを　ちょっと　まげて　はっぱに　つけています。
いったい　なにを　しているのでしょう？
あげはは　たまごを　うんでいるのです。／中略
1しゅうかん　くらい　たつと、たまごから　くろい　ちいさなむしが　でてきます。あげはのようちゅうです。

みなさん、あげはの幼虫を見たことがありますか？
たまごからふ化してしばらくのあいだの幼虫は、あの華麗なあげはからは想像もつかない小鳥のフンに似た色をしています。敵から身を守るためです。この幼虫が四回皮を脱ぐと色あざやかな黄緑色になります。そして、葉っぱをたっぷり食べた幼虫はやがてさなぎになります。二週間ほどたつとさなぎの背中が割れて、いよいよあげはの誕生です。縮んでいた羽が伸びていくようすは、まさに神秘的で息をのみます。

今年も、子どもたちがたくさんのあげはの幼虫を園に持ってきてくれました。そして、この羽化する感動的な場面を見守ることができました。この世に生まれてまだ間もない子どもたちにとって、たまごから幼虫に、そして動かなくなったさなぎから、ある日、ある時、それはそれは美しいあげはが誕生するその過程は、まさに信じられない出来事です。

こうした心をふるわせる感動を、子どもたちにいっぱい体験させてあげたいものです。

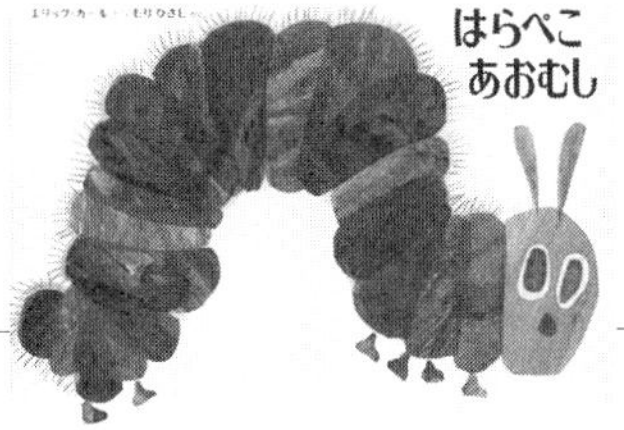

はらぺこ　あおむし

偕成社
エリック＝カール　作
もり　ひさし　訳

おひさまが　のぼって　あたたかい　にちようびの　あさです。
ぽん！　と　たまごから　ちっぽけな　あおむしが　うまれました。
あおむしは　おなかが　ぺっこぺこ。
あおむしは、たべるものを　さがしはじめました。

エリック・カールの『はらぺこ　あおむし』に登場するあおむしは、くいしんぼうで次から次へ、おいしいものを食べて大きくなります。ところがある日、からだが動かなくなり……何日もたったある日、みごとな蝶に羽化します。

小さな小さなたまごがふ化して幼虫になり、何度も脱皮してさなぎになり、そして羽化して華麗な蝶になる、これはまさに「ヘンシーン！」です。この変身劇を自分の目で観察した子どもは、この出来事に興奮し、目を輝かします。

感性は、「なぜだろう」「不思議だな」「知りたい」という、意欲のもとになるたいせつな感情です。ミカンやユズ、カラタチやサンショウ、パセリやニンジンの葉にあげは蝶のたまごや幼虫が見つかります。感性を豊かにするためにも、親子でいっしょに戸外に出て虫を探し、この神秘的な虫の観察を楽しんでみてください。

オタマジャクシの尾はどこへきえた

大日本図書
山本かずとし　文
畑中富美子　絵

ウシガエルの名まえは、ウシのなきごえににていることから、つけられました。また、食用ガエルともいいます。

6月から8月にかけて、池やぬまや、田んぼなどに、6000こから2万このたまごのかたまりをうみます。／中略

いっぴきのカエルがうんだ、たくさんのたまごから、親ガエルになれるのは、ごくわずかです。

びょうきでしんだり、ほかのどうぶつにたべられたりするからです。人間が、かんきょうをかえたり、よごしたりすれば、もっともっとへってしまうでしょう。

この本もまた、今年度の課題図書の一冊です。

私がいまから約三十年ほど前、名古屋から新美南吉の生まれ育った岩滑に引越してきた時、一番びっくりしたのがこのカエルの鳴声でした。ウシの鳴声に似ていることからウシガエルと名づ

けられています。そしてこのオタマジャクシのなんと大きなこと、これまた、驚きでした。

ウシガエルは、ほかのカエルと違って、一～二年かかって子ガエルになり、さらに二～三年かかって親ガエルになることが、この本を読んでわかりました。

さて、シッポはどうなるのでしょう？

子どもたちは、「ポロンととれるんだよ」「とけてなくなっちゃう」「ちがうよ、だんだん小さくなっていくんだよ」と、さまざまなことを言います。あげは蝶は、たまごからふ化して幼虫へ、そしてサナギから羽化して華麗なる蝶に変身するように、オタマジャクシからカエルになる変化は、これまた子どもたちの好奇心をかきたてるすばらしいものです。

この本のなかには、「尾は、ぶんかいされて、からだのなかへ養分として吸収されていく」と、書かれています。本は、実際に自分の目で確かめたことを整理し、深めてくれるたいせつな役割をもっています。

どうぶつえんガイド

福音館書店
あべ弘士　作・絵
なかの　まさたか　デザイン

ゾウの　はなは　おはしの　かわり。
スプーンの　かわり。
おさらの　かわり。
みみかきの　かわり。
すいとうの　かわり。
ラッパの　かわり。
たいこの　かわり。
なんでも　できる　てんさいだ。

作者のあべ弘士さんは、北海道の動物園に二十年以上勤め、ゾウ、アザラシ、ライオン、フクロウ、ゴリラ、ラクダ……と、あらゆる動物たちの世話をしながら、その動物たちの絵を描き続けてきた方です。

この本のなかに、たくさんの動物たちが登場してきますが、どの動物もすばらしい能力とそれぞれの習性をもっていて、感心させられたり驚かされたり、「うーん、どうしてかな?」と考えさせられたりします。さすが、長年、動物たちといっしょに生活してきた方ならではの作品です。

なによりもうれしいのは、作者の動物に寄せる愛情が読者にまで伝わってきて、動物たちがいとおしく思えてくることです。私は、久しぶりに、動物たちに会いに動物園に行ってみたくなりました。

子どもたちの大好きなキリンを、あべ弘士さんはこんなふうに紹介しています。

ながーい
くび
たべものが
エレベーター
みたいに
うごいていくのが
わかる。
ながーい　くびで
なかよく　あそぶ。
なかよく　なりすぎて
ほどけなくなる……
なんてことは　ない。
くるし
ーー！
ながーい
べろ
この　べろで、
きのはを　くるくると
まいて　ひっぱる。
ながーい
あし
あしの　したを
くぐることが
できる。
ながーい
しっぽ
これで　アブを
おとす。
それから
おしっこも
ながい
おしっこが
かぜに　ちって
きんいろに
かがやいている。
ときどき
にじも　かかる。

センス・オブ・ワンダー

新潮社
レイチェル・カーソン
上遠恵子　訳／森本二太郎　写真

子どもたちの世界は、いつも生き生きとして新鮮で美しく、驚きと感激にみちあふれています。残念なことに、わたしたちの多くは大人になるまえに澄みきった洞察力や、美しいもの、畏敬すべきものへの直感力をにぶらせ、あるときはまったく失ってしまいます。

もしもわたしが、すべての子どもの成長を見守る善良な妖精に話しかける力をもっているとしたら、世界中の子どもに、生涯消えることのない「センス・オブ・ワンダー＝神秘さや不思議さに目を見はる感性」を授けてほしいとたのむでしょう。

著者の海洋生物学者、レイチェル・カーソンのもとに、あるとき友人からの一通の手紙が舞い込みました。

役所が殺虫剤のＤＤＴを空中散布したあとに、彼女の庭にやってきたコマツグミが次つぎと死んでしまった、という内容の手紙でした。この一通の手紙をきっかけに、彼女は四年におよぶ歳月のあいだ、膨大な資料の山に埋もれて、のちに「歴史を変えることができた数少ない本の一冊」と称されることになる、『沈黙の春』（Silent Spring／新潮社）の執筆に取り組みました。

執筆中にガンにおかされた彼女は、文字どおり時間とのたたかいのなかで一九六二年、ついに『沈黙の春』を完成させました。この本は、環境の汚染と破壊の実態を世にさきがけて告発した本で、発表当時大きな反響を引き起こし、世界中で農薬の使用を制限する法律の制定を促すと同時に、地球環境への人々の発想を大きく変えるきっかけとなりました。

自分に残された時間が長くないことを知って、最後の仕事として『センス・オブ・ワンダー』を書き上げ、一九六四年、五十六歳の生涯を閉じました。

『センス・オブ・ワンダー』は、まさにレイチェル・カーソンが私たちに残してくれた最後のメッセージです。

もし、あなた自身は自然への知識をほんのすこししかもっていないと感じていたとしても、親として、たくさんのことを子どもにしてやることができます。

たとえば、子どもといっしょに空を見あげてみましょう。そこには夜明けや黄昏の美しさがあり、流れる雲、夜空にまたたく星があります。

子どもといっしょに風の音をきくこともできます。それが森を吹き渡るごうごうという声であろうと、家のひさしや、アパートの角でヒューヒューという風のコーラスであろうと。そうした音に耳をかたむけているうちに、あなたの心は不思議に解き放たれていくでしょう。

沈黙の春

新潮社
レイチェル・カーソン　作
青葉築一　訳

4 サンタクロース

サンタクロースってほんとにいるの？

福音館書店
てるおか　いつこ　文
すぎうら　はんも　絵

ねえ　サンタクロースって　ほんとに　いるの？
いるよ
えんとつがなくても　くるの？
ドアに　かぎが　かかっていても　くるの？
へいきさ

まもなく、子どもたちが楽しみに待っているクリスマスがやってきます。夢と現実のあいだをさまよっている子どもたちは、サンタクロースについても、さまざまな夢と疑問をもっています。
この本の中の子どもたちの質問は、まだまだ続きます。

どうして　ぼくの　ほしいものが　わかるの？／中略
どうして　よなかにくるの？／中略
どうして　おとうさんや　おかあさんには　こないの？／中略

サンタは　なつのあいだは　どうしているの？／中略
サンタなんて　いないって　みんな　いってるよ！　あれは……

さあ、みなさんは、こんな質問にどう答えますか？
この本の作者は、じつにさらりと、次つぎに迫る子どもたちのするどい質問に答えながら、こうも語っています。

サンタクロースはね　こどもを　よろこばせるのが　なによりの　たのしみなのさ
だって　こどもが　しあわせなときは　みんなが　しあわせなときだもの

みなさんのご家庭では、どんなクリスマスをお迎えですか？
いま、日本は物があふれています。豊かさのなかで育っている子どもたちは物質的には恵まれていますが、心は貧しいといわれています。クリスマスを迎えるにあたって、プレゼントどころか食べるものも満足にない国の子どもたちのことを思い、物をたいせつにすることを話し合ってみてはどうでしょう。そしてなによりもたいせつなことは「心」だということを、子どもたちに伝えていきましょう。

ぐりとぐらの おきゃくさま

福音館書店
中川李枝子　文
山脇百合子　絵

もりで　ゆきがっせんを　していた　のねずみのぐりと　ぐらは、ゆきの　うえに、おかしな　あなを　みつけました。「やあ、おとしあなだ」と　ぐりが　いうと、ぐらが、「あそこにも、ここにも」と、めをまるくしました。あなは　いくつも　あって、つづいています。

野ねずみのぐりとぐらが見つけたおかしな穴は……そうです、サンタさんの長靴の足あとだったのです。

今年も子どもたちが楽しみにしているクリスマスが近づいてきました。子どもたちに夢をもたせようと、サンタさんに手紙を書いたり、クリスマスツリーを飾ったりして、一足早い「おたのしみ会」を十四日に計画しています。当日はアメリカ人のサンタさんが、子どもたちにプレゼントをもってきてくれます。

「サンタクロースってほんとにいるの?」と半信半疑の子どもたちも、流暢な英語に、きっと本物だと信じ、しばし夢の世界に浸ることができると思います。

幼児時代は、夢をいっぱいもたせたいものです。絵本をとおして子どもたちがたくさんのサンタさんに出会い、夢をふくらませてほしいと願っています。

クリスマスのまえのばん

偕成社
クレメント・クラーク・ムア　詩
ターシャ・テューダー　絵
中村妙子　訳

クリスマスの　まえのばん
ねずみたちまで　ひっそりと
しずまりかえった　いえのなか
だんろのまえには　くつしたが
ねがいをこめて　かけてある
「サンタクロースは　くるかしら……」
ベッドで　すやすや　こどもたち
キャンデーのゆめ　みてるのか
しあわせそうに　わらってる

アメリカの聖書学の教授、クレメント・クラーク・ムアが、一八二二年に書いた詩「セント・ニコラスのおとずれ」が、いつのまにか「クリスマスのまえのばん」と呼ばれるようになり、世紀を越え、いまでもアメリカの子どもたちに愛され親しまれています。

ムアは、この詩のなかで、セント・ニコラス（サンタクロース）像を、こんなふうに描いています。

いたずらっぽく　めがひかり／ばらいろのほおに　えくぼが　ふたつ
はなは　ぷっくり　さくらんぼのよう／わらいだしそうなくち／まっしろなひげ
しきりにふかす　パイプから　ほそいけむりが　わをつくる
まあるいかおを　くしゃくしゃにして　わらうたんびに　ぷるんぷるん
つきでたおなかが　よくうごく／ほんとに　ゆかいな　こびとのおじさん

このあと詩は、こんなふうに展開されていきます。

こっそりみていた　とうさんも　おもわず　クスクス　わらいだした
サンタは　かためを　ひょいとつぶり
「まあ　みておいで」と　いうように　おどけたかおで　うなずいた
それから　だまって　かがみこみ　ひとつひとつの　くつしたに　せっせといれる　プレゼント
いれてしまうと　とうさんに
「ないしょ　ないしょ」と　あいずして　あっというまに　えんとつへ
やねにのぼった　サンタクロース

ひらりと　そりに　とびのると　ピューッと　くちぶえ　また　ふいた
あざみのわたげが　とぶように　そりは　よぞらを　とおざかる
だんだん　ちいさくなっていく
そりを　みおくる　とうさんは　サンタのこえを　きいたのさ
「みなさん　クリスマス　おめでとう！」

たくさんの画家がこの詩に絵を描き、何冊もの絵本になっていますが、生涯、自然の豊かな農場で生活し、絵を描き続けたターシャ・テューダーのさし絵は、すばらしい夢があり、子どもたちをおとぎの世界に誘い込みます。『クリスマスのまえのばん』、ぜひ、読んであげたい絵本です。

さむがりやのサンタ

福音館書店
レイモンド・ブリッグズ　作・絵
すがはら　ひろくに　訳

「やれやれ　また　クリスマスか！」

イギリスのレイモンド・ブリッグズの描くサンタ像は、これまた、人間味あふれるサンタクロースです。

「やれやれ　また　クリスマスか！」ではじまる、十二月二十四日の朝から、世界中の子どもたちにプレゼントを配り終える二十五日までの忙しい一日のようすを、ユーモラスに描いています。

一ページに漫画風の小さなコマで、プレゼントの準備風景や配るようす、大事な仕事を終えたあとトナカイをねぎらい、そしてゆったりお風呂に入り、鼻歌まじりで七面鳥のディナーを用意

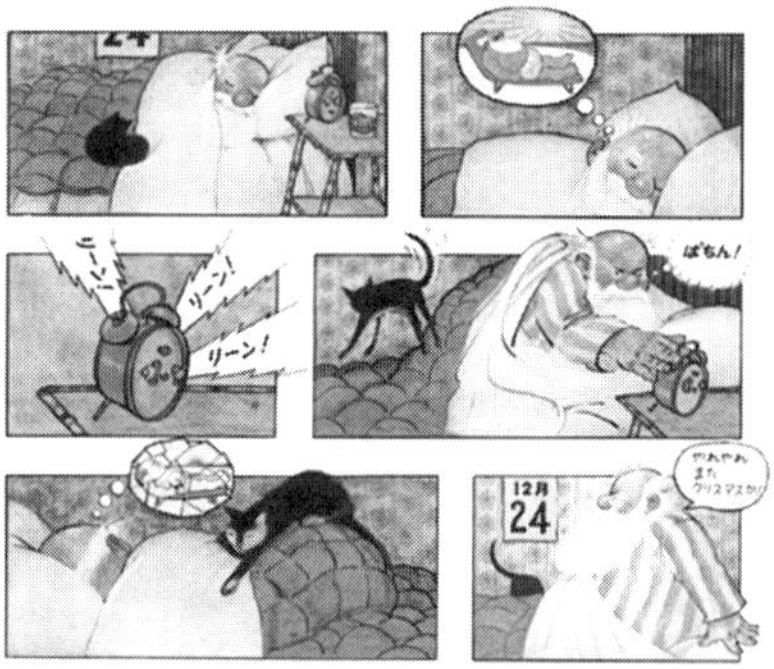

し、ウイスキー片手に自分あてのプレゼントを開き、寝るまでのようすをこまかく描いています。

どのコマにも、おたよりのカットに使いたくなるようなすばらしい絵が描かれていますが、なんといっても圧巻は、見開き二ページにまたがりバッキンガム宮殿の上を飛ぶ見事なトナカイとソリです。なんというすばらしい色彩、構図でしょう。

ここに登場するサンタさんは、題名のように「さむがりや」ですから、天気予報で「ゆき、こおり、しも、みぞれ、あめ、あられ……」と聞くと、「ちぇ　まったく」と、ため息をつきます。「サンタおじさんへ」と手紙つきで、ジュースの置いてあるところでは、「ふん　なんだジュースかい」と。ウイスキーの置いてあるところでは、「けっこう　けっこう」と、ふかぶかとソファーに腰かけ、ウイスキーを飲み、ひと休みします。なんと人間味あふれるサンタさんでしょう。

この本に出会ってからわが家では、毎年、クリスマスは、手紙つきでウイスキーを用意してサンタさんを迎えることになりました。

夢のもてる子ども時代、絵本をとおしてたくさんのすてきなサンタさんに出会わせてあげたいものです。

5 心のなか

マコチン

あかね書房
灰谷健次郎　作
長　新太　絵

「せんせい　しんどいか。しんどかったら、いつでも　びょうきを　ぼくに　くれ。ぼくは　しんどかっても　ええ。せんせいが　げんきに　なったら、ぼくは　それで　むねが　すーと　する。」

まことくんは、灰谷健次郎の『マコチン』に登場するいたずらばかりして先生を困らせている小学校一年生の男の子です。さあ、どんないたずらをしているのでしょうか、少し本から抜き出してみましょう。

まことくんは、マコチンの　ほかに、マコギャングという　あだ名も　あります。すねると　げんしばくだんみたいに　はれつするからです。おひるに　すねたら、きゅうしょくを　たべません。
「まことちゃん、先生を　こまらせないで。」

とよこ先生は、やさしい　こえで　いいます。

「いらんわい。」

まことくんは、こわい　こえで　どなります。それから、レオポンみたいに、ギャアギャア　なきます。おかずの　はいっている　おわんを、ぼんぼん　なげます。ぎゅうにゅうの　はいってい る　コップを、まどの　そとに　ほうります。

そうじのときは、大の字に　なって、きょうしつの　まん中で　ねています。ほこりで　まっ白に　なるのに、やっぱり　大の字に　なって　ねています。

とよこ先生は、目に　うっすら　なみだを　うかべて、そんな　まことくんを　見つめています。


音楽の時間にエレキギターを弾く真似をしたり、絵の時間に「ええ　いろが　でえへん。ウワーン」と、ものすごい声で泣くまこと君を、いつもとよこ先生はやさしく見守ります。そのとよこ先生が病気で休んだ時、まこと君が書いたお見舞いの手紙が右のものです。

この『マコチン』のお話は、灰谷健次郎さんが十七年の教師生活のなかで実際にあったことをもとに書かれたものです。「やさしさ」は、とよこ先生のように子どもを信じ、あたたかく見守るなかで生まれるのではないでしょうか。

先日の保育参観はいかがでしたか。年少、年中の保護者のなかには、わが子の行動に冷汗をかかれた方はみえませんか。家に帰られてから、子どもさんを叱られた方もみえると思います。家庭でお客さんがみえた時、子どもがお調子に乗りすぎて母親にまとわりつき、肩に乗ったり、髪の毛を引っ張ったり、あげくは話ができないよう口をふさがれた経験はありませんか。

こんな時、お客さんが帰られたあと、「どうしてあんなことしたの。お母さんは恥ずかしかった」と頭ごなしに叱るか、「お待ちどうさま、さあ、今度はあなたと遊ぼうね」と、子どもの気持ちを受けとめたうえで、「お客さんとお話している時、少し待っててくれると、お母さんうれしいな」と言うのと、子どもはどちらが素直になれるでしょうか。ピーターラビットのようないたずらができる元気な子どもになってほしいと願っていますが、同時にけじめがたいせつだと思っています。

ただし、けじめが身につくまでには時間がかかるのです。年少、年中時代は、まだ自分の心がじょうずにコントロールできませんから、お客さんがくるとうれしくなってはしゃいでしまったり、反対に不安になってしまったりします。こんな子どもの気持ちをしっかり受けとめたうえで、大人の願いを伝えていきます。

年長児になると、わが子が頼もしく思える時がでてきます。「とよこ先生」のようにあせらず、やさしく見守って、元気とけじめの両面を兼ね備えた、たくましい子どもを育てていきたいですね。

おじいちゃん だいすき

あかね書房
W. ハラント　作
C. O. ディモウ　絵
若林ひとみ　訳

えきで　ぼくたちは、なんていったらいいのか　わからなかった。
きしゃが　うごきだすと、ぼくは　なきだしてしまった。
またきてね、おじいちゃん！
ぼく、おじいちゃん　だいすきだよ！

この本は、数年前、課題図書になった絵本です。

老夫婦が田舎で仲良く暮らしていたのですが、おばあさんが亡くなり、おじいさんが都会に住む息子夫婦のところに出かけるところから、この物語は始まります。

たまにしか会ったことのない孫たちは、おじいさんになかなか親しめず、近寄ることができません。はじめおじいさんをこわがっていた孫たちの心が、しだいにほぐれていくその心の変化が手にとるように伝わってきて、ほのぼのとした気分になります。

おじいさんのほうも都会の生活になじめず、やがて田舎に帰っていきます。汽車が発車しようとした時、孫の口からほとばしり出た言葉が前述のものです。

作者はオーストリアのW・ハラントですが、子どもの気持ちはどの国も同じですね。

この『おじいちゃん　だいすき』は、残念ながら品切れです。でも図書館にはあるかもしれません。ぜひ、探してみてください。


宮池幼稚園の子どもたちのなかで、祖父母と同居している世帯は、わずか三割です。そのため、お年寄りの方の気持ちをなかなか理解することができません。年に一度、近くの老人ホームを訪問すると、後ずさりする子がいます。園児の祖父母は五十代、六十代の若々しいおじいちゃん、おばあちゃんですが、老人ホームにいらっしゃる方々は、もうひとつ上の世代の高齢の方が多いからです。

赤ちゃんがいてお年寄りがいる、これは、ごくごく当たり前のことなのに、特別のものをこわごわと見るような子どもたち。もっと自然に交流がもてないものでしょうか。

宮池幼稚園の子どもたちに、人生の大先輩である方々と日常的に自然な交流をもたせようと、月に一度ほど、老人ホームの方々に散歩の途中、宮池幼稚園に寄ってもらうことにして、第一回目を六月十一日にもちました。この日は、九名のお年寄りの方と三名の職員の方、そして実習中の学生さん二名もきてくれました。

迎えるにあたって、次のような絵本を読んでおきました。

おばあちゃんがいるといいのにな

ポプラ社
松田素子　作
石倉欣二　絵

いえのなかに　でーんと　ひとり　おばあちゃんが　いると　いい
おばあちゃんは　いつも　いえに　いて　みんなを　むかえて　くれる
「おかえり　えらかったね」

作者の松田素子さんのやさしい気持ちが伝わったのでしょうか、子どもたちのほうから足元の危ないおじいさん、おばあさんに手をさしのべる姿がみられました。いっしょに歌をうたったり、手遊びをしたり、けん玉をしたりしました。

もみじの葉っぱのような小さい手で、「また、きてね！」と、いつまでも見送っていました。小さい時のこうした触れ合いをたいせつにしていきたいと思っています。

ごんぎつね

偕成社
新美南吉　作
黒井　健　絵

「おや。」と兵十は、びっくりしてごんに目を落としました。

「ごん、お前だったのか。いつも栗をくれたのは。」

ごんは、ぐったりと目をつぶったまま、うなずきました。

兵十は、火縄銃をばたりと、とり落としました。青い煙が、まだ筒口から細く出ていました。

きつねのごんは、ふとしたいたずら心から、兵十が病気の母親のためにとったうなぎを奪ってしまいます。せめてものつぐないにと、ごんは、こっそり栗や松茸を届け続けますが、その善意は兵十に伝わらないままに、思いがけない結末を迎えます。

『ごんぎつね』は、宮沢賢治と並び称される日本の代表的な童話作家、新美南吉の代表作です。多くの出版社が絵本にしていますが、気鋭の画家、黒井健氏の絵は、見事に『ごんぎつね』の世界を描き出しています。

この作品は、小学校の教科書にも載り、子どもたちに深い感動を与え、はるばる遠くから新美南吉記念館を訪れる人が年々増えています。

南吉は、短い生涯のなかでたくさんの童話、詩を書いています。秋の夜長、ぜひ南吉の作品に親しんでみてください。

ないた あかおに

偕成社
浜田廣介　文
池田龍雄　絵

こころのやさしい　おにのうち
です
どなたでもおいで　ください
おいしいおかしも　ございます
おちゃもわかして　ございます
　　　　　　　　　あかおに

日本の童話のなかには、いろいろな鬼が登場してきます。私の心にいつまでも残っているのは、浜田廣介の『ないたあかおに』です。

気持ちのやさしい赤鬼が、人間たちと友だちになれたらどんなにいいかと、立て札をたてました。でも人間は、鬼をうたがって寄りつきません。赤鬼がなげいていると、友だちの青鬼が「村で大暴れするから、ぼくをやっつけてくれ、そうすれば人間は、君を信じてくれる」と提案します。

やがて、赤鬼は人間の信頼をえます。しかし、青鬼は赤鬼の前から姿を消しました。こんな手紙を残して……

あかおにくん。
にんげんたちと　なかよく　まじめに　つきあって、いつも　たのしく　くらしなさい。
ぼくは、しばらく、きみと　おわかれ。この　やまを　でて　ゆく　ことに　きめました。
きみと　ぼくと、いったり　きたり　して　いては、にんげんたちは、きに　なって、おちつかないかも　しれません。そう　かんがえて、たびに　でる　ことに　しました。
ながい　たび、とおい　たび、けれども、ぼくは、どこに　いようと、きみを　おもって　いるでしょう。きみの　だいじな　しあわせを　いつも　いのって　いるでしょう。
さようなら、きみ、からだを　だいじに　してください。
どこまでも　きみの　ともだち　あおおに

6 母と子

とんとんとんの こもりうた

講談社
いもと　ようこ　作・絵

かあさんうさぎは　おおきな　ためいきを　ひとつしてから　あなの　いりぐちを　ふさぎます。
つちを　あつめて　ペタペタペタ……ペタペタペタ……。／なんども　なんども　ペタペタペタ……ペタペタペタ……。
あなは　しっかり　ふさぎました。
でも、あなの　なかから、まだ　ぼうやの　なきごえが　きこえます。／ピュ～！　ピュ～！
かあさんうさぎは　こんどは　ふさいだ　いりぐちをかためるように　とんとんとんと　たたきます。とんとんとん　とんとんとん。／とんとんとん　かわいいぼうや　とんとんとん　ぐっすり　おやすみ　とんとんとん　いいこで　いてね　とんとんとん　おやすみぼうや　とんとんとん……とんとんとん……

みなさんは、アマミノクロウサギを知っていますか？
鹿児島県の南の島、奄美大島と徳之島にしかいないアマミノクロウサギは、体の毛が黒に近いこげ茶色で、耳と足が短く、深い森の奥でひっそりと暮らしています。

このアマミノクロウサギの母親は、穴の中に赤ちゃんを生んだあと、二日に一度、授乳に訪れ、子どもを巣穴に戻したあと、三十分以上もかけて全身を使って土を集め、前足でたんねんに、何度も何度も、まるで壁を塗りかためるかのように穴をふさいでいきます。赤ちゃんウサギの泣き声が聞こえなくなるまで、雨の日も、風の日も……とんとんとん、とんとんとん……。その音色は、まるで子守歌のように、今日も森の奥から静かに聞こえてきます。


子どもさんが寝る時、みなさんは子守歌を歌っていますか？

もう大きくなって、子守歌にかわって絵本を読んであげている方も多いことと思います。一日を終え、眠りにつく時、まどろみながら母親の声を聞き夢路にたどるのは、子どもにとって至福の時です。

お母さんが日頃、子守歌や童謡を歌っていると、子どもは歌の好きな子になります。鼻歌を歌いながら子育てをすると、家庭が明るくなります。いま一度、生活のなかに歌を取り入れてみましょう。

先日、新聞の投稿欄にこんな文が載っていました。


出産後、実家から離れたアパートに戻り、昼間は子供と私だけで過ごす日々。家の中にはテレビかＣＤの音が流れていました。

ある日、ふとすべての音を消して気づきました。一言も発せず、抱いたり揺すったりしている自分にです。黙ったまま赤ん坊を抱いている部屋の静けさは、ものすごく異様で孤独でした。結婚し、見知らぬ土地で子供を育てながら、初めて感じた孤独でした。

その沈黙を破るべく、口をついて出たのが「七つの子」でした。静かな部屋に、自分の声は恐ろしく大きく聞こえ、子供を押し当て小さな声で「かわい　かわいと　からすはなくの」と歌うと、子供がとてもいとおしくなり涙がこぼれそうでした。

それからはＣＤではなく、自分の声で知っている限りの童謡を歌いました。自分で歌うと不思議と元気が出ました。

それはもう自分のための子守歌でした。


（朝日新聞より）

おおかみと七ひきのこやぎ

福音館書店
グリム童話
フェリクス・ホフマン　絵
せた　ていじ　訳

むかし　あるところに、こやぎを　7ひき　そだてている　おかあさんやぎが　いました。そのやぎが　こやぎたちを　かわいがることといったら、どの　おかあさんにも　まけないくらいでした。

グリム童話の『おおかみと七ひきのこやぎ』は、世界中の子どもたちの心をとりこにし、親しまれています。この童話はたくさんの絵本になっていますが、フェリクス・ホフマンの絵は、見事にこの童話の世界を描き、私たちを物語の中に引き込んでくれます。

宮池幼稚園の子どもたちも、毎年、この本を何度も何度も読み、遊びのなかに、おおかみとこやぎごっこが展開されています。

とくに、トントントンと入り口の戸をたたいて、

「あけておくれ、こどもたち。おかあさんだよ。たべものを　もってきたよ」

「あけるもんか。おかあさんなら　まっくろな　あしじゃないぞ。おまえは　きっと　おおかみだろ！」

という掛け合いの言葉は、なんともスリルがあり楽しいようです。

それにしても、なぜ、こやぎがおおかみに食べられるこんな残酷な物語が、子どもたちの心をとらえるのでしょう。それは、どんな窮地に追い込まれても、必ずお母さんが助けにきてくれるという、安心感があるからではないでしょうか。

子どもは、いたずらやスリルのある冒険が大好きです。大人をハラハラ、ドキドキさせながら成長していきます。そんな子どもたちを、私たち大人はあたたかく見守り、いざという時には命をかけて守る勇気と愛情を、子どもたちにそそいでいきたいですね。

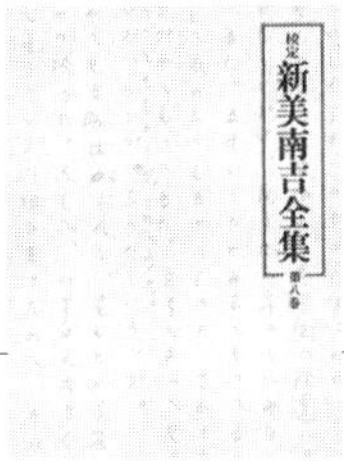

天国

校定新美南吉全集第八巻より
大日本図書

おかあさんたちは
みんな一つの、天国をもっています。
どのおかあさんも
どのおかあさんももっています。
それはやさしい背中です。
どのおかあさんの背中でも
赤ちゃんが眠ったことがありました。
背中はあっちこっちにゆれました。
子どもたちは
おかあさんの背中をほんとの天国だと
おもっていました。
おかあさんたちは
みんな一つの、天国をもっています。

「天国」の詩は、先ほど紹介した新美南吉の作品のなかの一つです。南吉は、どんな子ども時代を過ごしてきたのでしょう。

四歳の時母親を亡くし、母親にうんと甘えたい子ども時代、甘えられなかった南吉の悲しさ、さみしさ、せつなさがこの作品からも伝わってきます。

よく「子どもは何歳まで甘えさせていいのですか?」という質問をうけます。「わがまま」は、ごく小さい時から受け入れられないことを教える必要がありますが、「甘えたい」という気持ちは、本人がこの気持ちから卒業するまで、しっかり受けとめてあげることがたいせつだと思います。下に弟や妹が生まれて、早くからお姉さん、お兄さんになった子は、どこかにもっと甘えたいという気持ちが残っています。時にはしっかり抱いたりおんぶしたりして、母親から愛されているという満足感がもてるようにしてあげたいですね。

龍の子太郎

講談社
松谷みよ子　作
田代三善　絵

けわしい山が、いくつも、いくつも、かさなりあってつづいている山あいに、小さな村がありました。村の下には、すきとおった谷川が、コボコボと音をたててながれていましたが、あたりはまるっきりのやせ地で、石ころだらけの小さな畑からは、あわだの、ひえだの、まめだのが、ほんのぽっちりとれるばかりでした。（中略）まったくまずしい村でした。まったく、すみにくい村でした。

国際アンデルセン賞を受賞した、松谷みよ子作『龍の子太郎』の母親は、太郎を身ごもった時、三匹のいわな（魚）をひとりで食べたばかりに、貧しい村の悲しい言い伝えどおり、りゅうになってしまいます。

龍の子太郎は、母親を捜しだす旅に出かけ、見つけ出したりゅうの姿の母親とともに命をかけて山をくずし、お米がとれない村に水を引き、貧しい村を救います。まさに命をかけての仕事です。そして、龍の子太郎は、なにごともあきらめないで勇気をだして体当たりすれば、困難なことはないことを、私たちに教えてくれます。

龍の子太郎のように、子どもたちが希望を胸に、前を向いてたくましく歩んでいってほしいと願っています。

手ぶくろを買いに

偕成社
新美南吉　作
黒井　健　絵

「お母ちゃん、お手々が冷たい、お手々がちんちんする。」と言って、濡れて牡丹色になった両手を母さん狐の前にさしだしました。母さん狐は、その手に、は――っと息をふっかけて、ぬくとい母さんの手でやんわり包んでやりながら、

「もうすぐ暖かくなるよ、雪をさわると、すぐ暖かくなるもんだよ。」と言いましたが、かあいい坊やの手に霜焼ができてはかわいそうだから、夜になったら、町まで行って、坊やのお手々にあうような毛絲の手袋を買ってやろうと思いました。


南吉のこの作品にも、どこかさみしく、母を慕うせつなさと、やさしさがあふれています。また、黒井健氏の絵は、この物語の雰囲気をよく描き表わしています。

幼児時代は感受性が最も豊かに発達する時です。こうした時に大きな影響を与える一番身近な存在は、お母さんです。冷たい北風の吹く冬の夜、風の音を聞きながら、ひざの上でゆったりと

『手ぶくろを買いに』を読んであげてください。子どもたちにとっては、すばらしい宝物になります。お母さんのぬくもり、やさしい声は、生涯忘れないでしょう。

お母さんができない時は、お父さん、おばあちゃん、おじいちゃんに、ぜひ応援してもらってください。

おへそに きいてごらん

あかね書房
七尾 純 作
長谷川知子 絵

てっちゃんが まだ おかあさんの おなかのなかに いたとき、てっちゃんの からだは、おかあさんの からだと いっぽんの ひもで つながっていました。
ひもを つたわって おかあさんの からだから おくられてくる えいようで、てっちゃんは だんだん おおきく なりました。

「先生は、こわーいオオカミ。かわいい子ヤギのおへそが、だーい好き。まてまて子ヤギさーん！」と、子どもたちを追いかけます。この時、「おへそ」の言葉が入るか入らないかで、楽しさが違ってきます。泣きだしそうな新入児から大きな年長児まで、にこっと笑っておへそを押さえて駆け出します。なぜか「おへそ」は子どもたちにとって特別の魅力ある存在のようです。

そういえば「でべそ」「へそくり」「へそまがり」「へそで茶をわかす」などなど、この言葉のほとんどが、どこか滑稽で、それでいて親しみがこもっています。

一方、「へそに力をいれる」という言葉があるように、おへそには物事の中心的なたいせつな意味が託されています。生命を育んできたへその緒は、「母と子の絆」と、いわれています。おへそには、母と子を結んでいた時代の歴史の重みがあります。この本を読んで、もう一度、その重みを親子で確かめてみませんか。

7 いのち

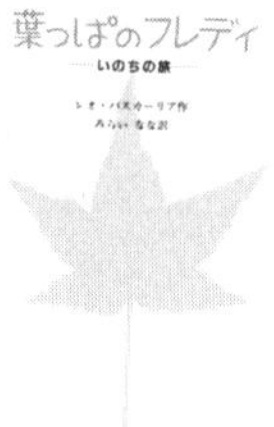

葉っぱの フレディ

童話屋
レオ・バスカーリア　作
みらい　なな　訳

葉っぱのフレディは　この春　大きな木の梢に近い　太い枝に　生まれました。

そして夏にはもう　厚みのある　りっぱな体に成長しました。

5つに分かれた葉の先は　力強くとがっています。

フレディは　数えきれないほどの葉っぱに　とりまかれていました。

アメリカの著名な哲学者レオ・バスカーリア博士が、子どもたちに書いたすばらしい本を紹介します。

人は生きているかぎり、「わたしたちはどこからきて、どこへいくのだろう。生きるとはどういうことだろう。死とは何だろう」と問い続けます。死別の悲しみに直面した子どもたち、死についての的確な説明ができない大人たち、死と無縁のように青春を謳歌している若者たちに、博士は「葉っぱのフレディ」をとおして、静かに「いのち」について語っています。

秋の夜長、ぜひ、子どもたちに、この本をじっくり読んであげてください。

かみさまからの おくりもの

こぐま社
樋口通子　作

あかちゃんが　うまれるとき　かみさまは　ひとりひとりの　あかちゃんに　おくりものをくださいます。／かみさまからの　おくりものは　てんしが　はこんでくるのです。／中略
「ほっぺの　あかい　あかちゃんには　このおくりものが　いい。とどけて　おくれ」
「はい　かしこまりました」
てんしが　はこんできた　おくりものは　よくわらう　でした。／あかちゃんは　よく　わらう　あかるい　こどもに　なりました。／中略
「ないている　あかちゃんには　このおくりものが　いい。とどけて　おくれ」／中略
てんしが　はこんできた　おくりものは　うたが　すき　でした。

子どもたちのようすをよく見ると、この絵本に登場してくるような、よく笑う子、力持ちの子、歌の好きな子、よく食べる子、心のやさしい子に加えて、すぐ涙のでる子、じっとがまんしている子、すぐ手や足がでてしまう子、ゆっくりな子、あわてんぼうな子など、さまざまな子がいま

す。

これも、すべて神様からの贈り物（個性）です。この一人ひとりに与えられた贈り物をたいせつにしていきましょう。

この絵本の作者、樋口通子さんは〝あとがき〟に、こんなことを書いてみえます。

私は、丸顔で細い目をしています。娘の誕生以来、その目をさらに細めて、娘が、たいした病気もせず、健やかに心優しく成長するのを眺めて、毎日楽しく過ごしてきました。

ところが、娘が三歳になり、幼稚園に入った頃、私の丸顔に角が立ち、目がつり上がってきたのです。他の子と娘を比べる時に、そうなるのでした。

「よく泣く！　ゆっくりしている！　うちの子はダメだ！　なんとかしなくちゃ！」カッカとなった私は叱りました。結果は無残でした。娘は、ますます泣いて、ますますゆっくりとなりました。

でも、この経験は、子どもを親や社会の気に入るように変えようとするのは大人の横暴で、子どもの本来持っている個性を壊してはならないことを、私に気付かせてくれました。

いったんそう思うと、娘の〝優しさ〟は勿論のこと、〝よく泣く〟のも、〝ゆっくり〟も、大切なことに見えてきました。この手探りの育児が土台となって、この絵本のもとになった手作り絵本「かみさまからのおくりもの」ができました。お母さんが作った絵本ということで、娘はとても気に入りました。

数ヶ月たったある日のことです。息弾ませ駆け込んできた娘が、「わたし、かみさまに〝泣かない〟もらったよ！　ころんですごーくいたかったけれど、泣かんかったもの！」と得意顔。神様は時に応じておくりものを追加してくださるんだわ、と思いました。

それならば私も、と「優しく、明るく、賢く、強く、ほっそりをください」とお願いしました。今のところ、まだどれも届いておりませんが、そのうちにきっと……。

森の動物たちのだれからも慕われていたアナグマは、年をとって死んでしまいました。かけがえのない友を失ったみんなは、どう悲しみを乗り越えていくのでしょう。……

わすれられない おくりもの

評論社
スーザン・バーレイ　作・絵
小川仁央　訳

アナグマはかしこくて、いつもみんなにたよりにされています。こまっている友だちは、だれでも、きっと助けてあげるのです。それに、たいへん年をとっていて、知らないことはないというぐらい、もの知りでした。アナグマは自分の年だと、死ぬのが、そう遠くはないことも、知っていました。

アナグマは、死ぬことをおそれてはいません。死んで、からだがなくなっても、心は残ることを、知っていたからです。だから、前のように、からだがいうことをきかなくなっても、くよくよしたりしませんでした。ただ、あとに残していく友だちのことが、気がかりで、自分がいつか、長いトンネルのむこうに行ってしまっても、あまり悲しまないようにと、いっていました。

スーザン・バーレイ作・絵のこの感動的な絵本は、友人同士のあり方や互いに心や生活の知恵を伝え合っていくことのたいせつさ、ひいては人間の生き方をも、静かに語りかけています。

ラヴ・ユー・フォーエバー

岩崎書店
ロバート・マンチ　作
梅田俊作　絵
乃木りか　訳

　おかあさんは　うまれたばかりの
あかちゃんを　だっこしています。
ゆっくり、やさしく、あやしています。
ゆらーり、ゆらーり、ゆらーり、ゆらーり。
　そして、あかちゃんを　だっこしながら、おかあさんは　うたいだします。
　※アイ・ラヴ・ユー　いつまでも
　　アイ・ラヴ・ユー　どんなときも
　　わたしが　いきている　かぎり
　　あなたは　ずっと　わたしのあかちゃん

　今年一番に紹介する本は、親子の愛情のきずなを静かに語って感動を呼ぶ、アメリカで超ベストセラーになったロバート・マンチ作の『ラヴ・ユー・フォーエバー』です。

　子どもの成長過程には反抗期があります。親は頭でわかっていても、反抗期に遭遇すると、とまどったり、うろたえたり、感情的になってどなってしまったりします。過ぎ去ってしまうと「なあんだ」と思えることも、その最中は反抗が永遠に続くように思え、絶望的になったり、時には子どもが信じられなくなり、見放してしまうことがあります。そんな時、この本を思い出し、ぜひ読み返してみてください。

この本は、子どもの第一反抗期をこんなふうに表現しています。

あかちゃんは　大きくなります。どんどん、どんどん　大きくなります。大きくなって、二さいに　なりました。

二さいのぼうやは　いえじゅうを　はしりまわり、ほんだなのほんを　ぜんぶ　ひっぱりだし、れいぞうこの　なかのものを　みんな　だしてしまいます。

そして、おかあさんの　とけいを　トイレにながしてしまいました。

ときどき、おかあさんは　さけびます。

「この子のせいで、きがくるいそうだわ！」

でも、よるになり、二さいのぼうやが　ねむりにつくと、おかあさんは　ぼうやのへやの　ドアをあけ、そうっと　ベッドのところまで　ちかづいていくのです。

そして、ぼうやが　ぐっすり　ねむっているのを　たしかめると、ぼうやを　だっこします。

ゆらーり、ゆらーり、ゆらーり、ゆらーり。

そして、おかあさんは　うたいだします。

※　くりかえし

では、第二反抗期はどう表現されているでしょう。

ぼうやは　大きくなります。
どんどん、どんどん、大きくなります。大きくなって、九さいに　なりました。
九さいのおとこの子は、ゆうごはんなんて　いらない、おふろなんか　だいきらい。
そして、おばあちゃんがくると、いつでも　わるいことばを　つかいます。
ときどき、おかあさんは　おもいます。
「こんな子、どうぶつえんにでも　うっちゃいたいわ！」

さて、こんな時、あなたはどう対処しますか？　この作者はどうしたと思われますか？
そして、日本の子どもたちがいま、乗り越えることがむずかしいとされている問題の第三反抗期は……この続きはぜひ、本を手に取り、お読みください。

8 みすゞの世界

不思議

星とたんぽぽ

私と小鳥と鈴と

金子みすゞ
童謡集

角川春樹事務所
金子みすゞ　著

不思議

私は不思議でたまらない、
黒い雲からふる雨が、
銀にひかっていることが。

私は不思議でたまらない、

青い桑の葉たべている、
蚕が白くなることが。

私は不思議でたまらない、
たれもいじらぬ夕顔が、
ひとりでぱらりと開くのが。

私は不思議でたまらない、
誰にきいても笑ってて、
あたりまえだ、ということが。

国際的な調査機関が四十一ヵ国の小学生を対象に調査した結果、日本の子どもたちは、学力の面で「計算問題」はトップの成績を示しましたが、「自分の考えでものを表現して書く」力は、なんと三十七番目という結果でした。

金子みすゞのように、たえず「不思議だな」と感じ、自分の頭で考えていける感性豊かな力をつけていきたいものです。

星とたんぽぽ

青いお空の底ふかく、
海の小石のそのように、
夜がくるまで沈んでる、
昼のお星は眼にみえぬ。
　見えぬけれどもあるんだよ、
　見えぬものでもあるんだよ。

散ってすがれたたんぽぽの、
瓦のすきに、だァまって、
春のくるまでかくれてる、
つよいその根は眼にみえぬ。
　見えぬけれどもあるんだよ、
　見えぬものでもあるんだよ。

この詩は「不思議」の詩と同様、やさしさのなかにものを見る目の深さがあります。アインシユタインは、「この世の中で、私たちが体験できる最も美しいものは神秘（不思議）です。これはすべての真の芸術と科学の源です」と言っています。

私たちのまわりは不思議でいっぱいです。この不思議だなと思う素朴な心をたいせつにし、見えないものが見えるようになる豊かな心を育てていきましょう。

私と小鳥と鈴と

私が両手をひろげても、
お空はちっとも飛べないが、
飛べる小鳥は私のように、
地面を速くは走れない。

私がからだをゆすっても、
きれいな音は出ないけど、
あの鳴る鈴は私のように
たくさんな唄は知らないよ。

鈴と、小鳥と、それから私、
みんなちがって、みんないい。

童謡のチューリップの歌や金子みすゞの詩にうたわれているように、どの子も一人ひとり個性があり、みんな違っています。ゆっくりな子、あわてんぼうな子、活発な子、おとなしい子、頑固な子、意志の弱い子、元気な子、泣き虫な子……。

大人はつい子どもにないとこねだりをしがちですが、どの子もみんな精一杯、自分を表現しているのです。一人ひとりの持ち味を生かしながら、あせらずゆっくり子育てをしていきましょう。

金子みすゞの詩は、やさしさがあふれています。最初の全集『金子みすゞ全集』（ＪＵＬＡ出版局）が出版されており、すてきな詩がいっぱい紹介されています。

9 絵本からのおくりもの

しらんぷり

天使のいる教室

でんでんむしのかなしみ

よもぎだんご

しらんぷり

ポプラ社
梅田俊作／佳子　作・絵

ドンチャンが　また　いじめにあっている。／ヤラガセたち４人組は、ドンチャンの画用紙の上に、手伝ってやるなんて　いいながら、えのぐを　ぬりたくっている。

ドンチャンは、だまって　やられるままになっている。

ぼくとセイヤとヨッチンは、絵を描くのに一生懸命……なのだ、というふりを、一生懸命にしているだけ。

口にだしたら、こんどは　こっちがやばいからだ。／しらんぷりを続けるぼくたち……。

私は、毎年、夏休みに課題図書を読むことにしていますが、今年もたくさんのすてきな本に出会えました。そのなかでも、梅田俊作、佳子作・絵の『しらんぷり』を読んだ時、大きな衝撃を受け、深い感動を覚えました。

衝撃とは、私のなかにもこうした「しらんぷり」が、どこかにあるのではないかという心の痛みです。

さあ、どうしたら、いじめをなくす真の勇気がもてるのでしょう。子どもも大人もいっしょになって考えてみましょう。

天使のいる教室

童心社
宮川ひろ　作
ましま　せつこ　絵

あきこちゃんが、くわがたはんへでてきてくれる日を、まっています。6人でいっしょに、きゅうしょくをたべようね。たのしみにしています。あきこちゃんをまもってくれる　おじぞうさんをつくったからね。
なまえは、くわがたじぞうです。

夏休みが終わりました。みなさんの夏休みはいかがでしたか?

私は、夏休みのはじめにこの課題図書『天使のいる教室』に出会い、とても心あたたまる気持ちで過ごしました。あの『びゅんびゅんごまがまわったら』の著者、宮川ひろ氏が、東京都板橋区の佐藤静子先生の学級の実践をもとに書かれたお話です。

いま、日本の子どもたちのあいだでは「いじめ」が深刻化し、教室のなかで「いじめ」にあっている子がいても、見て見ぬふりをする子どもが増えています。

この本は、小児ガンを見つめた二十三人の子どもたちの実話です。小児ガンのあきこちゃんを見守るやさしい佐藤先生の気持ちが子どもたちに伝わり、子どもたちのやさしさが教室中にあふれています。

大人があたたかく子どもを見守れば、子どもはやさしく育ちます。本来子どもは、天使のような純真な心をもっているのです。私たちは子どもを信じ、あたたかく見守り育てていきたいものです。

重い神経芽腫という小児ガンにかかり、苦しい治療を経て、やっとあきこちゃんは待望の小学校に入学してきました。あきこちゃんのからだに奇跡が起こってくれることを念じながら、佐藤先生は一日一日をたいせつにし、楽しい学校生活を展開していきます。

まず、絵本を読みます。毎日毎日、ゆっくりたっぷり絵本を読みます。あきこちゃんの目がしだいに輝いてきます。

次に、林の中のみどりの空気を浴びるとからだにいいという「森林浴」のように、はずみのある、きれいな言葉をいっぱい浴びたら元気になれるのではないかと佐藤先生は考え、軽快な「言葉遊びうた」を子どもといっしょに楽しみながら、繰り返し唱えます。あきこちゃんの声もだんだん大きくなってきます。

かっぱ　かっぱらった
かっぱ　らっぱ　かっぱらった
とって　ちってた

かっぱ　なっぱ　かった
かっぱ　なっぱ　いっぱ　かった
かって　きって　くった

谷川　俊太郎

病室ばかりにいたあきこちゃんに、一度でいいから土や水遊びの楽しさを味わわせたいと、体調のいいお天気の日、お医者さんの許可をもらってどろんこ遊びに取り組みます。頭から背中までどろ水を浴びて遊んだあきこちゃんが、声を出して笑いました。この日、いつも半分ぐらいしか食べられなかった給食をペロリとたいらげたあきこちゃんの顔は、花が咲いたような明るい顔をしていました。

あきこちゃんは遠足も運動会もなんとか参加できましたが、十二月十日、お母さんに抱かれたままこの世を去りました。この佐藤学級の子どもたちは、あれから毎年、命日ではなく、「あきこちゃんの誕生日を祝う会」をしてきて、今年で四回目を重ねています。あきこちゃんのお父さん、お母さんも出席しています。

あきこちゃんが生きていたら、いま、五年生です。

私たちも佐藤先生のように、子どもたちが手をつなぎ合い、より充実した幼稚園生活が過ごせるよう努力していきたいと思っています。

でんでんむしのかなしみ

大日本図書
新美南吉　作
かみや　しん　絵

　いっぴきの　でんでんむしが　ありました。
　ある　ひ　その　でんでんむしは　たいへんな　ことに　きが　つきました。
「わたしは　いままで　うっかりして　いたけれど、わたしの　せなかの　からの　なかには　かなしみが　いっぱい　つまって　いるではないか」
　この　かなしみは　どう　したら　よいでしょう。／でんでんむしは　おともだちの　でんでんむしの　ところに　やって　いきました。
「わたしは　もう　いきて　いられません」
と　その　でんでんむしは　おともだちに　いいました。

インドのニューデリーで開催された国際児童図書評議会の世界大会で、美智子皇后が映像をとおして「子ども時代の読書の思い出」を基調講演されました。

たくさんの本との出会いのなかで、その後の考え方、感じ方に大きな影響を与えられた作品として、はじめに、新美南吉の『でんでんむしのかなしみ』を紹介されました。私の住んでいる地元の童話作家の作品がとりあげられたことを、とてもうれしく思いました。

『でんでんむしのかなしみ』のお話は、次のように続きます。


「なんですか」と　おともだちの　でんでんむしは　ききました。

「わたしは、なんと　いう　ふしあわせな　ものでしょう。わたしの　せなかの　からの　なかには　かなしみが　いっぱい　つまって　いるのです」

と　はじめの　でんでんむしが　はなしました。

すると　おともだちの　でんでんむしは　いいました。

「あなたばかりでは　ありません。わたしの　せなかにも　かなしみは　いっぱいです」

それじゃ　しかたないと　おもって、はじめの　でんでんむしは、べつの　おともだちの　ところへ　いきました。

すると、その　おともだちも　いいました。

「あなたばかりじゃ　ありません。わたしの　せなかにも　かなしみは　いっぱいです」

そこで、はじめの　でんでんむしは　また　べつの　おともだちの　ところへ　いきました。

こうして、おともだちを　じゅんじゅんに　たずねて　いきましたが、どの　ともだちも　おなじ　ことを　いうので　ありました。

とうとう　はじめの　でんでんむしは　きが　つきました。

「かなしみは　だれでも　もって　いるのだ。わたしばかりでは　ないのだ。わたしは　わたしのかなしみを　こらえて　いかなきゃ　ならない」

そして、この　でんでんむしは　もう、なげくのを　やめたので　あります。


さらに講演のなかで、「私にとり、子ども時代の読書とは何だったのでしょう。何よりもそれは私に楽しみを与えてくれました。そして、その後にくる青年期の読書のための基礎を作ってくれました。それはある時には私に根っこを与え、ある時には翼をくれました。この根っこと翼は、私が外に、内に、橋をかけ、自分の世界を少しずつ広げて育っていくときに、大きな助けとなってくれました」と、話されています。

あらためて、子ども時代の読書の影響の大きさ、たいせつさを教えられました。

よもぎだんご

福音館書店
さとう　わきこ　作

「どろんこ　こねて、こねこね
こねて　どろの　おだんご
いっぱい　できた」
「ばばばあちゃんも　ひとつ
どうぞ」
「こりゃあ　うまそうだね」
「でも、きょうは　ほんものの
だんごが　たべたいね。そう
だ！　よもぎだんご　つくろ
う。ばあちゃんは　いまから
よもぎを　とりにいくよ」

こうして、ばばばあちゃんは、子どもたちといっしょに野原に出かけます。よもぎとなずなの違いを教えながら、いたどり、つくし、のびる、せりも摘んで帰ります。

「わぁ　いたい！」
「だいじょうぶ、こんな　すりきず。よもぎを　もんで　くっつけりゃ、すぐ　なおっちゃうさ。
よもぎは　たべても　おいしいし、もんで　くすりにもなるんだよ」

ばばばあちゃんは、生活の知恵も豊かです。そしてお料理名人です。

まず、摘んできたや野草を子どもといっしょにゆで、あくをぬき、ごまをすり、すったごまに、砂糖やしょうゆや味噌をまぜ、あえものを作ります。

そして、いよいよ子どもたちは、ばばばあちゃんの手ほどきのもと、よもぎだんご作りに挑戦します。よもぎをゆでて、水にさらして、切って、すりばちですりつぶして………と、だんごのもとができた頃には、子どもたちはよもぎだんご作りに夢中です。

そしてできあがり、みんなで食べようとして、ふと気がつくと、ばばばあちゃんがすてきな服を着ています。


「うふふふ……。きょうはねぇ　ばばばあちゃんの　たんじょうびなのさ。みんなの　おりょうり　プレゼント　ありがたく　ちょうだいするよ」

「ねえ　ばばばあちゃん、いくつの　おたんじょうびなの？」

「さあ　ねえ、あててごらんよ……」


なあんと、すてきなばばばあちゃんでしょう。

絵本は、未知の世界へ子どもたちを案内してくれます。ワクワク、ドキドキ胸をおどらせながら、物語の世界に入っていきます。子どもたちは登場人物といっしょに冒険をし、楽しいことや悲しいこと、失敗を繰り返すなかで、困難を乗り越える知恵や勇気を学びます。

お父さん、お母さんの声を聞きながら、そのぬくもりを肌で感じ、物語の世界に夢を馳せていく、こんな幸せな時代は幼児時代しかありません。「よんで　よんで」と言ってくれるこの時期をたいせつにしていきましょう。

絵本は、子どもだけに勇気や知恵を与えるものではありません。今回紹介した、さとうわきこ作の『よもぎだんご』を読むと、私まで野山を駆け回り、よもぎを摘み、よもぎだんごを作りたくなりました。それどころか、将来、私は、この「ばばばあちゃん」のようなステキなおばあちゃんになろう、と、生き方まで学びました。さらに、ばばばあちゃんの登場する『どろんこ　おそうじ』『いそがしいよる』『あめふり』『やまのぼり』（福音館書店）を読むと、小さなことで悩んでいる自分がはずかしくなり、元気がでてきます。

絵本は、子どもたちだけのものではなく、まさに私たち大人への応援歌ではないでしょうか。

いずれも
福音館書店
さとう　わきこ　作

おわりに

この拙い園長だより「PETER RABBIT」と「よもぎっこ」に、お母さんたちから、たくさんの感想をいただきました。

◇出産以来、よその子と比べて、「おむつ外し」「言葉を話す」「歩く」「歯がはえる」等々、わが子が遅いと悲観し、たえずイライラしていました。入園後もなんとかしなくちゃぁとますますあせり、娘を追い詰めていました。もう限界にきていた時「よもぎっこ」に出会い、それ以来、肩の力がフーッと抜け、気が楽になりました。

◇「早くしなさい！」「ダメじゃない！」「いけません！」を、どれだけ連発してきたことでしょう。おたよりを読んで、「ドキッ」とさせられました。

◇子育てに疲れ自信がもてず、ノイローゼ気味になり、家の中に閉じこもりがちになっていた時「よもぎっこ」を読み、「私と同じ！」と共感し泣いたのを覚えています。精神的にすくわれました。

◇毎月届くおたよりを、私は「母親たちへの応援歌」だと思い、毎号楽しみにし、台所のボードに貼っています。キレそうになるとこのボードの前で読み返し、心を落ち着けています。

◇「PETER　RABBIT」に刺激され、子どもといっしょに家の近くの散歩、絵本の読み聞かせ、土いじり、水遊び……十分とはいえませんが、いろいろ楽しみました。親の私も新しい発見ができ、幸福な気分いっぱいになりました。

◇なにもかも初めての子育てで、心に余裕がありませんでした。「よもぎっこ」は毎号、心にしみ、心の余裕をもらいました。

◇じつは、私は「よもぎっこ」が大好きで、ずっとつづって保管しているのです。何がひきつけるのかというと、絵本が好きなこともありますが、私たち母親、父親が、どのように子育てしていってよいのか、それとなくじわっと「あーそうなんだ」と、伝わってくるものがあるからです。

◇家の中で家事に追われ気ぜわしくなったりすると、心にゆとりがなくなり、ついカッカと子どもに当たりちらしてしまいます。そんな時、随所にでてくる「自然」という言葉を思い出し、子どもと外に出て自然と向き合って、小さな花、草、季節の風に触れると、ほんとうに不思議と心が落ち着いてくるのです。なんだか子どもがいつまでも外で遊んでいる気持ちがわかって、やさしくなれました。

◇子どもたちに読み聞かせをする機会が多くなりました。また、このおたよりをとおして主人と話す時間が増え、家族の絆が深まりました。

◇「PETER　RABBIT」は、まさに精神安定剤そのものです。静かな所でゆったりと腰をおろして読むのが習慣になっていますが、その何分かが私にとって、いま一度童心に返り、忘れかけていた純粋な気持ちに蘇らせる心の薬になっています。

◇子どもたちの個性はどうしても欠点として目に映りますが、毎日、投げだすことのできない子育てを、ゆったり愛情をもって見守っていきたいと、おたよりが届くたびに自分に言い聞かせています。

◇いままで見えなかったものがたくさん見えてきたり、また少し視点を変えたら、いままでの悩みが「なあんだ、こんなこと」って思えたり、ほんとうにたいせつなことが、少しずつわかってきたような気がします。

◇「よもぎっこ」を、主人にも読んでもらいました。この「よもぎっこ」を読まなかったら、私は絶対に子どもの成長をじっくり見守れず、殻を破ってしまったことと思います。子どもが反抗期を迎えた時、もう一度、読み返してみようと思っています。

◇やっとですけど、子どもと手をつなぎ、春を見つけながら登園することが、とても幸せに思えるようになりました。

◇「PETER　RABBIT」「よもぎっこ」をとおして、たくさんの感動や知識、そして心の「ホッ!」をもらいました。

◇親もいい刺激を受け、成長できました。子どもを預かってもらうだけではなく、親もいっしょに学べる、開かれた幼稚園だと感謝しています。

お母さん、お父さんにエールを送ろうと発行した「園長だより」でしたが、毎号届く、こうした感想に励まされたのは、私のほうでした。どの父母も、わが子が心身ともに健康で明るくたくましく育ってほしいと、心の底から願っているのです。

子どもたちの幸せのため、家庭と地域、そして園が、力を合わせていくことのたいせつさを痛感します。

ここに紹介した本はごくわずかなものです。まだまだ紹介したいたくさんのすばらしい本があります。どの本にも作者の心のこもったメッセージがあり、私たちを勇気づけてくれます。そして、これからも未知の本との出会いを楽しみに、探し求めていきたいと思っています。

この「よもぎっこ」は、私の定年退職後、板山幼稚園の子育て支援ボランティアのお母さんたちが引き継いで発行してくれています。なんともうれしいことです。

最後に、私を励ましてくださった宮池幼稚園、板山幼稚園の父母のみなさん、私のまだ読んだことのない本を紹介してくださった関剛さん、本にすることを勧めてくださった勅使千鶴さん、そしてひとなる書房の名古屋研一さん、編集の労をとってくださった栃倉朱実さんに、心よりお礼申し上げます。

二〇〇二年　初夏

宍戸　洋子

宍戸　洋子（ししど　ようこ）
愛知県立女子大学文学部児童福祉学科卒業後、半田市立成岩・半田・亀崎・乙川の各幼稚園の教諭、宮池・板山幼稚園園長を経て、現在、名古屋短期大学教授。
主な著書
『子どもたちの四季』（共著）ひとなる書房　1990年
『知りたい意欲を育ちのバネに』（共著）旬報社　1993年
『幼児のあそび百科』（共著）旬報社　1994年
『乳幼児の体育あそび』（共著）ひとなる書房　1995年

装幀／山田　道弘

絵本からのおくりもの　—子育てに夢と希望を—

2002年8月15日　初版発行
2007年3月27日　3刷発行

著　者　宍　戸　洋　子
発行者　名古屋　研　一

発行所　㈱ひとなる書房
東京都文京区本郷2－17－13
広和レジデンス101
電　話　03（3811）1372
FAX　03（3811）1383

印刷／モリモト印刷株式会社